JN430376

de sans·abri

서울역
눈사람

서울역 눈사람

2025년 10월 31일 초판 1쇄 펴냄

엮은이 성프란시스대학 편집위원회
펴낸이 김경섭

펴낸곳 (주)도서출판 삼인
전화 02-322-1845
팩스 02-322-1846
이메일 saminbooks@naver.com
등록 1996년 9월 16일 제25100-2012-000046호
주소 (03716) 서울시 서대문구 성산로 312, 북산빌딩 1층

디자인 김은선
제작 수이북스, 문형사

ISBN 978-89-6436-290-7 (03810)

de sans-abri

서울역
눈사람

성프란시스대학 편집위원회 엮음

삼인

『서울역 눈사람』, 나는 존엄한 인간이다

성프란시스대학 총장 김성수 주교

 사랑하는 성프란시스대학의 벗들과 이번 문집에 귀한 글을 나누어
주신 모든 분께, 주님의 평화와 은총이 함께하시기를 기도합니다.

 올해는 우리 성프란시스대학이 설립된 지 20주년이 되는 뜻깊은 해
입니다. 20년 전, 우리는 세상 그 어디에서도 환영받지 못했던 이들과
함께 시작했습니다. 서울역 대합실의 벤치에서, 고시원과 쪽방촌에서,
급식소의 긴 줄 속에서 우리는 서로의 눈을 마주했습니다. 그때 우리
가 나눈 것은 거창한 강의가 아니라, 단순한 한 권의 책과 한 편의 시
였습니다. 그러나 그 작은 나눔 속에서 놀라운 변화가 일어났습니다.
잃었던 자존이 조금씩 되살아났고, 꺼져가던 생의 불씨가 다시 타올랐
습니다. 성프란시스대학의 역사는 바로 그 기적의 역사를 이어온 20
년이었습니다.

 지난 세월 동안 수많은 벗들이 이 대학의 문을 두드렸습니다. 거리에
서 오랜 세월을 보낸 이도 있었고, 삶의 무게에 지쳐 길을 잃은 이들도
있었습니다. 그러나 이곳에서 책을 읽고 글을 쓰며, 함께 웃고 울고 토

론하는 과정을 통해, 우리는 서로에게 다시 사람이 되어 주었습니다. 이 대학은 학위를 주는 곳이 아니었지만, 누구도 쉽게 얻을 수 없는 귀한 선물을 선사했습니다. 그것은 바로 "나는 여전히 존엄한 인간이다"라는 당당한 선언이었습니다.

이번에 발간되는 문집 『서울역 눈사람』은 그 선언의 또 하나의 증거입니다. 이 책 속에는 차가운 거리의 바람을 견디며 살아온 이들의 목소리가 생생하게 담겨 있습니다. 어떤 글은 눈시울을 적시고, 어떤 글은 잊었던 웃음을 떠올리게 하며, 또 어떤 글은 우리 사회가 마주해야 할 무거운 질문을 던집니다.

눈사람은 금세 녹아 사라지는 연약한 존재이지만, 그렇기에 더 아름답습니다. 서울역의 겨울밤, 차디찬 돌바닥 위에 세워진 눈사람은 그 자체로 인간의 존엄을 상징합니다. 이 책에 실린 글들도 마찬가지입니다. 순간의 기록처럼 보이지만, 그 안에는 꺼지지 않는 희망의 불빛이 깃들어 있습니다. 글쓴이들은 화려한 수사 대신 삶의 진실을 꾹꾹 눌러 적었고 그 진실은 우리 모두의 마음을 흔들어 놓으며 결국 우리 자신을 돌아보게 합니다.

저는 구순을 훌쩍 넘긴 세월 동안 수많은 책을 읽어왔습니다. 그러나 이토록 소박한 곳에서 탄생한 글이 우리에게 이렇게 깊은 감동을 줄 수 있다는 사실에 새삼 놀라고 있습니다. 여기 담긴 글들은 우리 사회가 잊고 있던 근본적인 질문들을 던집니다. "인간답게 산다는 것은 무엇인가?" "서로 함께 살아간다는 것은 어떤 의미일까?" 이 질문은 단순히 노숙인만의 고민이 아니라, 오늘을 살아가는 우리 모두의 근본적인 물음입니다.

성프란시스대학의 진정한 사명은 바로 이러한 질문 앞에 용기 있게 서는 것이었습니다. 우리는 인문학을 통해 삶의 본질을 다시 배우고, 공동체 안에서 서로를 지지하고 돌보는 길을 선택했습니다. 지식은 특권층만의 전유물이 아니라 누구나 누려야 할 기본적인 권리이며, 배움은 밥을 먹는 것만큼 일상적이고 필수적인 것임을, 지난 20년간 우리는 함께 증명해 왔습니다.

　이제 『서울역 눈사람』은 우리 대학의 정신을 가장 잘 보여주는 소중한 결실로 세상에 나옵니다. 저는 이 책이 단순한 문집에 그치지 않고, 더 많은 이들에게 "나도 다시 살아갈 수 있다"라는 희망의 불씨가 되기를 간절히 바랍니다. 독자 여러분도 이 책 속에서 자기 모습을 보실 것입니다. 서울역의 차가운 대합실에서 떨고 있는 한 이웃의 이야기가, 사실 자신의 이야기일 수 있음을 깨닫게 될 것입니다.

　사랑하는 벗들이여, 성프란시스대학의 20주년은 결코 끝이 아니라 새로운 출발점입니다. 우리는 앞으로도 더 낮은 곳에서, 더 많은 이웃과 함께, 인문학이라는 도구를 통해 서로를 살리고 세상을 밝혀나갈 것입니다. 책 한 권, 시 한 편이 한 생명을 구할 수 있다는 믿음을 더욱 굳건히 하며, 성프란시스대학은 이 길을 묵묵히 걸어갈 것입니다.

　마지막으로, 이번 문집에 글을 흔쾌히 나누어주신 분들께 진심으로 감사드립니다. 또한 보이지 않는 곳에서 편집과 기획을 위해 애써주신 모든 분들의 노고에 깊은 경의를 표합니다. 여러분의 열정으로 탄생한 이 책은 성프란시스대학 20년의 역사와 함께, 우리 모두의 자랑이 될 것입니다.

주님의 은총과 평화가 이 책과 함께한 모든 이들의 삶 가운데 풍성히

임하기를 기도하며, 『서울역 눈사람』의 발간과 성프란시스대학의
20주년을 온 마음을 다해 축하합니다.

감사의 글

이류인생은 어디에도 없다

성프란시스대학 학장 곽노현

창립 20주년을 맞아 성프란시스대학이 두 번째 문집,『서울역 눈사람』을 세상으로 내보낸다. 지난 16기부터 20기까지 5년간 인문학과정을 거쳐 간 우리 대학 수강생들의 자전적 글을 모았다. 하나같이, 꽁꽁 닫았던 마음의 문을 어렵사리 열고 삶의 중요했던 순간과 단면을 보여주는 우리 대학 '선생님'들의 소중한 글들이다.

여기 묶인 글 하나하나는 전문 필자와는 거리가 먼, 노숙 경험을 가진 분들의 글이다. 가끔 철자법도 틀리지만 그대로가 더 생생해서 일부러 놔뒀다. 그럼에도 아무 데나 펼쳐 봐도 단박에 빠져들어 끝까지 읽게 만드는 마력을 지녔다. 독자들은 가슴 깊은 곳에서 뭉클한 것이 올라오고 눈시울이 젖어드는 경험을 시시때때로 하게 될 것이다.

적지 않은 시편과 단문들 앞에서는 어떻게 이렇게 잘 쓸 수 있을지 속으로 감탄하지 않을 수 없으리라. 문학 수업이나 글쓰기 훈련을 거치지 않은 이들의 글이라는 사실이 믿기지 않을 정도다. 『서울역 눈사람』에 묶인 글들은 책상물림이 끙끙거리며 '작문'한 죽은 글이 하나도 없다. 필자들의 가슴에 옹이처럼 박힌 또렷한 장면들이 활자를 만나 툭 터져 나온 살아있는 글들이다.

이 책을 읽다보면 누구든지 성프란시스대학 선생님들과 깊은 공감대와 정서적 교류가 형성되고 자기 안의 편견 하나가 시나브로 사라지는 것을 경험하실 것이다. 어제의 노숙인은 물론이고 오늘의 노숙인도 누구나처럼 존중받아 마땅한 존엄한 존재라는 사실에 누구도 토를 달지 않을 것이다. 누구 하나 무시해도 좋을 이류인생이나 이등시민은 어디에도 없다는 사실에 깊이 눈 뜰 것이다.

『서울역 눈사람』의 자전적 시문들은 노숙인들이 대체로 가난한 가정에서 어렵게 자랐고 나름 역경을 극복하며 살았으나 몇 차례 스텝이 꼬이면서 길거리로 내몰렸다는 사실을 말해준다. 만약 우리 사회가 좀 더 튼튼한 사회안전망을 제공했더라면 상황이 다를 수 있었다는 점에서 덜 불운하고 덜 불우했던 이웃들이 사회적 책임을 느끼지 않을 수 없다.

성프란시스대학이 설립 20주년을 기념하여 『서울역 눈사람』을 묶어내는 이유도 노숙인에 대한 우리 사회의 편견을 바로잡는 데 일조하기 위해서다. 성프란시스대학은 노숙 경험자들에게 1년 인문학과정을 제공한다. 봄가을 한 학기 15주씩 두 학기를 진행하며 문학, 역사, 철학, 예술사, 글쓰기 등 학기당 세 과목을 개설한다. 그밖에도 공연과 전시 관람, 소풍과 졸업여행 등 다양한 프로그램을 진행해서 삶의 활력과 학습의욕을 북돋는다.

성프란시스대학은 노숙인의 재활을 위해서는 밥만 줘서는 부족하고 다시 일어설 정신을 줘야한다는 설립자 임영인 신부님의 모토아래

2005년에 출범해서 20년간 중단 없이 운영된 세계적인 모범사례다. 『서울역 눈사람』은 지난 5년 성프란시스대학 인문학과정의 눈에 보이는 열매다. 구체적으로는 성공회부설 노숙인 다시서기센터(소장 여재훈 신부)의 지원 아래 다섯 분의 교수와 더 많은 수의 자원활동가들이 정성껏 만들어낸 집단적 산물이다.

성프란시스대학의 문사철 중심 커리큘럼 가운데 가장 기초적이면서도 중요하고 힘든 것이 글쓰기 수업이다. 성프대의 문을 두들긴 선생님들의 자기고해적인 글쓰기는 익숙해진 자기비하에서 벗어나 웅크린 자아를 돌아보며 주체의 각성으로 나아가는 첫 걸음이다. 동기생들은 각자의 글을 공유하며 오랜 각자도생의 고단함을 뒤로하고 집단적 치유와 회복을 경험하며 동료의식과 연대감을 다진다.

『서울역 눈사람』에 실린 글들은 글쓰기 과제물로 단체대화방에 첫 모습을 드러낸 경우가 많았다. 댓글들이 여러 개 붙는 인기 글도 드물지 않았다. 그런 화제의 글 몇 개를 골라 댓글까지 함께 수록했다. 당시의 분위기를 생생하게 재현하기 위해서였다. 독자들은 그때마다 등장하는 '시나위'라는 필명을 가진 분이 도대체 누구인지 궁금하실 것 같다.

그가 바로 글쓰기 수업을 담당해온 박경장 교수님이다. 영성적 인품으로 뒷받침된 박 교수님의 고도의 전문성이 없었다면 우리 선생님들은 글쓰기 수업에서 절반이상이 좌절하고 떨어져나갔을 가능성이 매우 높다. 처음엔 공포의 시간이었던 글쓰기 수업을 점차 견딜만하게 만들어내고 졸업문집을 만들어낼 때면 가장 보람찬 시간으로 추억하게 만든 일등공신은 누가 뭐래도 박 교수님이다. 학장으로서 특별한 감사의 말씀을 전하지 않을 수 없다.

그 밖에도 지난 5년 간 성프란시스대학 강의를 맡아줬던 안성찬 교수님(철학), 박한용 교수님(한국사), 김동훈 교수님(예술사), 김응교 교수님(문학)에게도 감사 말씀 드린다. 또한 수업을 함께하며 우리 선생님들의 든든한 벗이자 좋은 튜터가 돼준 자원활동가 강경진 님, 권유진 님, 김혜진 님, 김슬기 님, 성지후 님, 민가경 님, 신진섭 님에게도 깊은 감사의 말씀을 드린다. 성프란시스대학 학무국장을 맡아 수고한 다시서기센터 사회복지사 마명철 님, 배준이 님에게도 고마운 마음을 전한다. 이 기간 중에 모든 지원을 아끼지 않은 다시서기센터 소장 허용구 신부님과 여재훈 신부님 그리고 안재금 실장님과 이태용 실장님께도 감사와 존경의 인사를 전한다. 끝으로 매년 입학식과 졸업식 때마다 아낌없이 격려와 축복을 해주신 성프란시스대학 명예총장 김성수 주교님께도 깊은 감사의 말씀을 드린다. 모두가 합력해서 선을 이루었다.

발간사

인문학 선생님들, 폭싹 속았수다

성프란시스대학 편집위원회
(김동훈, 김혜진, 박경장, 박석일, 이현아)

『서울역 눈사람』은 한때 서울역 주변에서 거리 잠을 잤던 분들이 인문학을 공부하며 틈틈이 쓴 글을 모은 것입니다. '노숙인이 웬 인문학? 배울 거면 당장 먹고살 수 있는 기술을 배워야지.' 수없이 들어온 질문이지요. 하지만 순서가 틀렸습니다. 체력이 뒷받침되지 않은 운동선수가 아무리 기술을 익혀봐야 소용없는 법. 거리 노숙인은 마음과 정신의 체력이 바닥나 생의 의지라는 삶의 근력이 죄다 빠진 사람입니다. 그러하니 다시 일어서려면(自立), 무엇보다 생의 의지에 대한 근력이 필요합니다. 이 근력은 '나는, 내 삶은 소중하다'는 자존(自存)에 대한 자존(自尊)에서부터 붙기 시작하지요.

　인간으로서 자기 존재에 대한 자존감을 가장 단단하게 붙들어 매고 있는 십자인대(十字靭帶)는 인간관계의 핵인 가정(home)입니다. 노숙인이라는 homeless는 바로 가정이라는 십자인대가 끊어진 사람이에요. 무릎이 풀려 자존감이 수직 바닥으로 떨어지면 '친구, 이웃, 직장, 사회'라는 수평관계들이 연쇄적으로 떨어져 나가고 말지요. 거리 노숙은 수직·수평의 모든 관계가 끊어져 생의 의지가 바닥나 온몸이 탈구된 홈리스의 현상입니다.

성프란시스대학 인문학과정은 '만남'에서 시작됩니다. 교수·학생·실무자·자원활동가·동문들 사이의 만남. 이 만남을 통해 끊어졌던 사람 (人) 사이(間)의 관계, 인간(人間)성 회복을 모색하지요. 문·사·철 인문학은 사람 사이의 무한한 폭과 깊이에 대한 탐구입니다. 노숙인 선생님들에게 인문학은 머리로 이해하는 지식이 아니라 가슴으로 받아들이는 지혜입니다. 어려운 텍스트의 추상적인 개념도 자신의 구체적인 체험과 대조·대비해 반성과 성찰이라는 삶의 지혜로 받아들이지요. 학교와 텍스트에 갇힌 인문학이 길거리 삶 속으로 내려와 인간학이 되는 현장이 바로 성프란시스 인문학과정입니다.

사람 사이의 만남과 탐구를 통해 노숙인 선생님들의 탈구된 뼈들은 서서히 제자리를 찾아 살이 차오르기 시작합니다. 그렇다고 끊어진 십자인대가 당장에 접합되는 건 아니지요. 접합되려면 우선 끊어져 튕겨 나간 인대를 찾아야합니다. 넘어진 바닥으로 내려가야 해요. 내려가 풀어져 널브러진 자신과 직면해야 합니다. 이 정직하고 고독한 직면이 바로 글쓰기입니다.

1부 <가오리 별곡>은 노숙인 선생님들이 글길 따라 나서자마자 가슴 저 밑에서부터 스멀스멀 기어 나온 얼굴, 풍경에 대한 이야기입니다. 자신을 든든하게 받쳐주었던 가족, 이웃, 친구, 고향에 대한 기억이지요. 가난했지만 행복했고, 아쉬움에 미안해, 그리워서 찡하고, 눈감으면 아스라한 유대감으로 단단했던 시절인연입니다.

2부 <누구 없소>는 자신을 든든하게 받쳐주었던 인간관계가 어그러진 순간들과 마주합니다. 옹이 박힌 마음속 상처로 목젖에 걸린 울음들이지요.

3부 <청소의 힘>은 일상의 너절한 삶의 세목에 대한 성찰입니다. 때 묵은 감정들을 툴툴 털어 볕 좋은 하늘에 말리는 것 같지요.

4부 <서울역 눈사람>은 인문학 선생님들의 일터이며 삶터이고, 학당이자 놀이터인 서울역 이야기입니다. 대한민국 중앙역을 오가는 사람들이 아니라 이곳에 깃들어 살아가는 사람들의 혼잣말입니다. '이곳에 사람이 산다'고 바닥에서 들려오는 숨소리입니다.

5부 <함께 짓다>는 2019년 인문학 16기부터 2024년 20기까지 매 기수가 일 년에 한 편씩 공동으로 창작한 시입니다. 한 사람이 한 행씩 앞뒤 살펴 가며 함께 쌓은 시탑이지요.

6부 <인물 인터뷰>는 각 기수에서 한 분씩 다섯 분과 인터뷰 형식으로 나눈 대화입니다. 다섯 편의 인간극장이지요.

7부 <거리에서 움튼 글 그림으로 피어나다>는 2020년 성프란시스대학 인문학 1기에서 15기까지 졸업생의 글을 모아 펴낸 책『거리에 핀 시 한 송이 글 한 포기』에서 일부를 선별해, 민예총 화가 다섯 분과 동문 화백이 삽화를 그려, 국회의원 회관에서 2022년 9월 26일에서 30일까지 <거리에서 움튼 글, 그림으로 피어나다>라는 제목으로 시화전을 열었던 작품 중 일부입니다.

한때 거리 노숙인이었던 분들의 다양한 글 갈래 모음이라는 것 외에도, 이 책이 기존 문집들과 가장 다른 점은 각 글에 달린 '댓글'을 그대로 실었다는 점입니다. 각 기수 카페에 늦은 밤 혹은 꼭두새벽, 술김에 올린 글에 자고 일어나보니 달려있는 동기·자원활동가·교수님의 댓글은 아침 빈속에 받아 든 해장국이었을 겁니다. 존재하지만 보이지 않았고, 말 걸어주거나 들어주는 이 없어 입을 닫았던, 그리하여 말을 잃었던 거리 선생님들. 제대로 된 글 한 번 써본 적 없는 분들이 힘든 용기를 낸 것은, 처음으로 자신의 이야기에 귀 기울여 주는 이가 있었기 때문입니다. 답글로 댓글로 눈을 맞추었기 때문이지요. 글과 댓글 사이에 마음의 징검돌이 놓여 오가는 걸음으로 풀렸던 무릎에 힘줄이 돋기 시작했답니다. 이제 더 넓은 강으로 흘러가려 합니다. 부디 독자다리가 놓여 이 책이 가난하고 소외된 자들과 우리 사회를 든든하게 연결해 주는 십자인대가 되기를 희망해봅니다.

  인문학 선생님들, 폭싹 속았수다.

차례

오늘은 어디로 갈까.
쓰레기 더미에 길고양이들이 음식물쓰레기를
뒤적거리고 있다.
난 그 옆에 박스와 신문지를 챙긴다....

어디서부터 잘못된 것일까.
이놈의 서울역에서
25년이란 세월을 보냈으니
제2의 고향이라고 할 수 있겠지.
언제가 될지는 몰라도
이젠 여기를 벗어나고 싶다.

1부

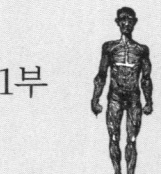

가오리 별곡

두메산골

유상욱 (인문학 16기)

겨울비 내리는 소리에
마음속 곳간 문 졸라매더라
눈 감으니 들려오는 겨울눈 소리
눈 떠보니 어느새 열려있더라
채송화처럼 여리고 맑은 어린시절
겨울눈이 부르는 소리에
잠이 깨 나가 본 하얀 산과 들
선생님(yourself) 보이시나요 소리 없는 겨울눈

육성회비

조○남 (인문학 16기)

나는 오늘도
교실 감옥에 간다
육성회비, 그것이
나는 도깨비처럼 무섭다

육성회비.
간수의 호된 소리
"나가!" 하며 호랑이 소리
난 주위의 시선에
홍당무가 되어
감옥에서 탈출을 했다

대낮에 들어선 대문
"너 또 땡땡이 쳤구나"
"육성회비 ~"
엄마의 치켜뜬 눈초리가 가라앉는다

시나위 20.07.08 18:02
'육성회비' 제목이 반! 육성회비가 데려다준 한없이 창피하고 부끄러웠던 국민학생 ○남이에게 주글한 손 내미는 환한 화해.

형님 20.07.09 14:32
국민학교 시절 엄마는 모내기 하시다가 학교로 오셔서 담임 선생님과 상담하시던 모습이 생각납니다. 넉넉하지 못한 집인데도 자식 교육만큼은 사랑을 베풀어 주시던 엄마가 생각납니다.

바다 20.07.17 10:40
저도 만약 초등학생 시절에 이런 육성회비를 꼬박꼬박 내야 했다면, 선생님 보고, 학교 다니는 일이 버겁게 느껴지지 않았을까 싶네요. ㅎㅎ;;

영산홍

임남희 (인문학 18기)

'아, 이게 영산홍이구나!'

 무표정했던 열 살짜리 여자아이 얼굴에 순식간 떠오른 호기심, 약간은 촌스러운 빨알간 색깔의 꽃. 바로 교무실 한쪽을 차지하고 있는 작은 꽃 화분 때문이었다. 이제 막 새로 전학 와서 서먹한 가운데, 어린 내 눈에 떡하니 익숙한 존재가 들어온 것이다. 그때 나는 새로 전학 온 학교 교무실에서 교감 선생님과 엄마 사이에 앉아 있었다. 그러다 보니 자연스럽게 들리는 나의 처지.

"서울 한복판에서 이렇게 잘했는데, 우리 학교지만 여기 다니기에는 애 성적이 너무 아깝네요."

"어떻게 하겠어요, 형편이 안 되는데요."

"서울에 친척집 없으세요? 친척한테 부탁 좀 해보셨어요?"

"그랬으면 좋겠는데 전혀 없어요. 있다고 해도 어린애 혼자 맡기기도 좀 그렇고, 돈도 더 들 것 같고요."

"아이고, 경기도 시골구석에서 공부하면 전처럼 잘하기 어려워요!"

"저도 속상하지만 어쩔 수 없죠, 제 팔자가 그런 것을."

"아깝네!"

 순간 측은한 눈빛의 교감 선생님과 속상한 눈빛의 엄마의 시선이 일제히 나를 향했다. 나는 놀라서 잘못한 것이 없는데도 고개를 숙여야 했다. 하지만 곧 어른들의 대화가 계속 이어졌고 시선에서 벗어난 나는 편안해진 마음으로 다시 꽃을 찾았다.

　그러자 자연스레 떠오르는 친구의 초록색 주름치마! 내 입가에 보일락 말락 호선이 그려진다. 웃고 싶지만 뭔가 즐겁지 않은 분위기 속에서 어린 내가 최대한 참은 것이다.

　지난주 토요일, 서울에서 마지막으로 수업을 들은 날이었다. 이날 운 나쁘게도 우리 분단이 교실 청소에 걸리고 말았다. 담임선생님의 "유종의 미"라는 어려운 격려를 받으며 서울에서의 마지막 청소를 열심히 해야 하는 것이었다. 그런데 우리 분단도 아닌 옆 옆 분단 희정이가 집에 안 가고 남아 내 옆에서 청소를 함께 해주었다. 물론 친하게 지낸 사이이기는 하다. 다른 친구들도 있어 하나하나 작별 인사를 하고 개중에는 카드나 작은 작별 선물을 주고받았다. 하지만 나와 더 있고 싶다고 끝까지 남아 준 건 희정이 하나였다. 나는 미안하면서도 고마웠다.

　청소가 끝나고 담임선생님께 마지막 인사를 드리고 난 후, 우리 둘은 교문을 향해 천천히 걷다가 근처 벤치에 앉았다. 피아노 보충수업까지 아직 시간이 남았다며 나에게 이런저런 말을 건네주는 착한 친구. 토요일 오후 조용해진 교정에서 우리 둘은 도란도란 이야기를 나누었다. 나란히 엎어졌던 미끄럼틀 사고, 함께 못 가게 된 소풍, 재미있었던 반장 선거운동, 같이 백 점 맞았던 구구단 시험, 피아노대회 입상 등등. 그렇게 시간이 다 되어 갈 즈음, 나는 우리 새집으로 놀러 오라고 했고 희정이는 초대해 줘서 고맙다고도 했다.

　하지만 우리 둘 다 그런 일은 일어나지 않을 것이라는 것을 알고 있었다. 그곳은 누추하고 어린아이 혼자 절대 갈 수 없는 먼 곳이라는 것을, 희한하게 말하지 않아도 우리는 다 알고 있었다. 마침내 내 친구가 천천히 일어났고 나도 따라 일어났다. 고맙게도 울지 않았고 열 살 아이들치고는 담담하게 마지막 인사를 나누었다. 희정이가 보이지 않을 때까지 나는 자리를 지켰고 희정이도 중간에 멈춰 서서 손을 흔들어 주었다.

  그렇게 내 친구는 영원히 내 시야에서 사라졌고 나는 희정이가 앉았던 벤치 자리로 돌아갔다. 그곳에는 촌스럽게 빠알간 꽃송이가 있었다. 학교 담을 따라 막 피기 시작한 봄꽃 하나를 희정이가 나랑 웃으며 이야기하다가 자기 녹색 주름치마 위에 올려놓았던 것이다. 색깔이 촌스럽다고 생각했던 꽃이 희정이의 녹색 치마 위에서는 예쁘게 보이는 순간이었다. 나는 그 꽃송이를 조심스럽게 알림장 수첩 속에서 제일 그림이 예쁜 페이지 사이에 보관했다. 그리고 새 학교에 전학 온 날, 꽃 이름을 알게 되어 기쁜 마음으로 다시 꽃을 보기 위해 수첩을 펼쳤다. 며칠 안 지났는데 꽃 상태가 좋지 않아 좋았던 기분이 바로 나빠졌지만 나는 그 밑에 꽃 이름을 또박또박 적었다. 꽃 이름이 당시 나에겐 어려웠지만 꼭 기억하고 싶었기 때문이다.

  하지만 서운하게도 내 소중한 꽃은 오래 가지 못하고 부스러기로 변해 갔다. 그에 따라 열 살 아이의 마음도 조금씩 부서져 갔다. 친구가 너무 보고 싶지만 전화번호를 알아도 할 수가 없었다. 대부분의 집에 화장실이 없어 온 동네가 하나의 공중화장실을 쓴다는 것을 깔끔한 희정이가 알면 얼마나 놀랄까. 또 나를 어떻게 생각할까. 그렇게 여러 똥 냄새 가득한 곳에서 몇 달이 지난 어느 날, 전혀 생각지도 못한 희정이의 흔적이 내

앞에 나타났다.

　1학기가 거의 끝나갈 즈음, 수첩 마지막 장을 넘겼을 때였다. 별안간 친구의 익숙한 동글동글 글씨가 보인 것이다.
　"잘 가 남희야 안녕!"
　나는 놀라서 한동안 수첩만 들여다보았다. 반가우면서 슬픈 것 같았다. 마음이 이상했지만 잠시 후 나도 내 친구의 동글동글 글씨 밑에 또박또박 내 마음을 적었다.
　"잘 있어 희정아 안녕!"
　수첩에 위아래로 쓰여 있는 두 줄의 작별 인사. 이것이 진짜 마지막 인사였던 모양이었다. 갑자기 슬픈 감정이 어린 나를 삼켜버리는 것이다. 나는 그제서야 펑펑 울기 시작했다. 집에 아무도 없어서 정말 마음 놓고 서럽게 울었다. 전학 와서 예전 친구가 그립다고 이렇게까지 울 일인가 싶은데 계속 눈물이 꾸역꾸역 올라왔다. 평소 잘 울지도 땡깡도 부리지 않아 어른들이 좋아하던 나였는데 왜 이러는지 당황스럽기도 했다. 아무도 보면 안 된다는 생각만 가득했다.

　하지만 아이는 아이인지 결국 감정대로 할 수밖에 없었다. 시원하게 한바탕 울고 난 후 나는 말수가 더 줄어들게 되었고 더 어른스러운 아이가 되어갔다. 어찌저찌 나이를 먹고, 주어진 삶은 시간이 갈수록 더욱 고단해질 뿐, 그저 조금만 버티면 좀 나아지겠지 소망으로 그냥 하루하루 살아갈 뿐이다. 그러다가 용산역 가는 길에 피기 시작한 철쭉 화단! 그 속에 촌스러운 빠알간 꽃이 눈에 들어오면 머릿속에 피어나는 내 친구 희정이. 이제 성이 뭔지, 외모가 어땠는지 기억나지 않는 수십 년 전 일이다.

그저 이름 두 글자, 피아노를 치던 모습, 그리고 녹색 주름치마만 희미하게 떠오른다. 철쭉이 필 때면 특히 홍자색 영산홍이 필 때면 영원히 열 살 여자아이로 살고 있는 내 귀한 친구,

부디 건강하고 행복하기를!

주태민 22.04.17 23:47
노트에 위아래로 적힌 두 친구의 작별 인사가 왜 이리 여운이 남을까요? 혼자 엉엉 울고있는 어린 "남희"가 속에 있는 울음을 다 뽑아낼 때까지 곁을 지켜주고 싶어요. 어깨도 토닥거려주고 싶구요. 오늘부터 저도 영산홍을 마주하면 이 글이 생각날 것 같아요. 정말 좋은글 잘 읽었습니다. 선생님.

남보라 22.04.18 01:51
와 막힘없이 읽어 내려갔어요! 주태민 선생님 말씀처럼 영산홍을 보면 이 글이 생각날 것 같아요. 좋은 글 감사합니다:)

김순철 22.04.18 07:20
글쓰기의 진수를 보여 주시는군요. ㅎㅎ 수고 하셨습니다 ♥ ??

이승복 22.04.18 12:02
섬세하고 그리운 우정 참 여운이 남네요. 40여 년 지난 중학교 때의 섬세하긴 않아도 그리운 친구 생각나네요. 좋은 글 감사합니다.

형님 22.04.18 13:46
내 기억 속 어린 친구, 젊은 친구, 나이 든 친구 모두 보고 싶네요.

벌꿀 22.04.18 14:26
저도 초등학교 때 친구들 너무 보고 싶어요 좋은 글 감사합니다

시나위 22.04.18 14:41
녹색 주름치마 위에 놓인 영산홍 꽃 봉오리, 수첩 속에 납짝하게 눌려 말려진 붉은 꽃 이파리, 수첩에 동글동글한 글씨체로 "잘 가 남희야 안녕" "잘 있어 희정아 안녕," 용산역 가는 길에 피기 시작한 철죽 화단! 그 속에 촌스런 빨간 꽃. 부디 굳굳하게 피어나기를. . .

차가운 낙타 22.04.18 14:44
나의 벗들은 죄다 뿔뿔이 흩어져 공중분해..가 된 듯 하이.. ㅠㅠ

인문학 22.04.18 21:16
소나기...............
https://youtu.be/5ysdHjaeGGU

소중한 시간 22.04.18 23:03
와! 이렇게 많은 분이 관심 가져주실지 몰랐습니다! 모두 감사드립니다 *^^*

최○식 22.04.21 07:27
어린 시절 친구에 대한 아련한 그리움이 영산홍만큼이나 선명하네요.

성지후 22.05.07 12:08
박경장 교수님께서 꼭 읽어보라고 하셨던 이유를 알겠습니다. 소설 소나기를 읽은 것처럼 아련한 마음과 10살 아이가 겪었을 외로움과 슬픔이 느껴져서 꼭 안아주고 싶은 마음이 들었습니다. 선생님을 더 좋아하게 될 것 같아요~^^

보름달

김성배 (인문학 15기)

이제나 오려나
저제나 오려나
떠난 새끼 보고자워
싸리문 밖 목을 빼시던
엄니 보름달

자식 걱정에 달집 태우시고
막걸리 한 대접에 시름 달래시던
아부지 보름달

짝사랑 옆집 누이
두근 반 세근 반
나를 찾아오던 누이 보름달

고향집 대추나무에 걸려있던
휘영청 밝은 달은 아니 아니 뜨고
비틀 비틀 박스조각 말아
겨드랑이에 끼고
"이눔아 저눔아!"
깡마른 목청
쇠주 한잔 털어넣어

끝내
쓰러져 누워버리는
서울역 보름달만 슬프게 떴네
보기도 안타까워
구름 비집고
자꾸만 자꾸만
숨어버리네

여름방학이 싫다

장채민(인문학 18기)

막둥아 오늘은 밭에 가서 쟁기질 좀 허자
아따 엄니랑 햇시오
이놈아 엄니는 순호 밭에 품앗이 갔다
아부지 오늘은 순호랑 양호랑 다른 애기들고 수름산에 놀러가기로 햇
는디요
오늘은 안댕께 낼 가그라,

할 수없이 밭 갈로 가긴 갓는디 요놈에 소새끼가
놈의 속도 모르고 지 멋대로 말도 드럽게 안들구만
아부지는 응강에 앉아서 막걸리 마심시롱, 닌장
여기만 빤히 보고 있구, 웨메 힘들어 죽것구만
잔소리만 징하게 햇쌌네

막둥아 똑바로 못하냐 또랑이 삐딱해서 쓰것냐. 빤듯허게 해야제,
아따 아부지 소새끼가 말을 안든디요. 우찌고 헌다요.
옘빙헐 놈에 소새끼가 여물줄때는 잘만 쳐묵드만 오늘은 징그랍게 말도
안드네,

놀로 간 아그들은 참말로 좋것다.
오늘 하루도 징허게 길다 길어

시나위 22.08.07 09:13
찰진 전라도 사투리가 낙지처럼 입에 착 달라붙어
씹을수록 맛난 행과 행 주고받는 대화들, 죽이네!

샘들, 그냥 눈으로 읽지 마시고 소리 내 읽어보세요.
징허게 좋당게요 ^^

김순철 22.08.07 17:47
저는 8살무렵 동네이장집 꼬마머슴 살라는데 소띠끼로 산에갈다가 소 잃어버려 찾느라 개고생한 생각이
아직도 생생하네요 미운 소새끼 ㅎㅎ

장채민 작성자 22.08.07 18:08
순철이성 우찌구롬 나랑똑같다요ㅋㅋㅋ
나도 무지허게 고생했당께요

김순철 22.08.07 22:53
그랑께 동기지라 으째야스까 ㅎㅎ

김영채 22.08.11 08:42
요게 그 유명한 전라도 사투리구만요! ㅎㅎ
선생님! 나중에 고향 고흥을 방문하게 되면 고흥 버스터미널 바로 앞에 있는 인형 뽑기 가게에서 인형 뽑
아 가세요! 제 부모님이 운영하시는 가게입니다. ㅎㅎ 영채 선생님 안다고 말하면 서비스로 주실지도~☺

소중한 하얀 눈 친구들

박진순 (인문학 18기)

나에겐 늘 가슴 설레게 하는 하얀 눈 친구들이 있지
어린 시절에도 중년이 다 되어도 눈만 보면 설레고,
처음 소개받는 예쁜 여친을 만나려 나갈 때의 그 설렘이지
누군가는 이 나이 들면 눈을 귀찮아하고, 걱정하지만
난 ~ 아니지

내릴 때마다 설레고, 콩닥콩닥 가슴이 뛰지
나에겐 또, 소중한 친구들이 있지
서로 일상생활에 쫓겨 바쁘지만,
언제든 "눈온다. 술먹자"고 연락하면
만사 제껴두고 달려 올 하얀 친구들

진순아!
넌 정말 잘 살았구나
매번 하얀 눈이 내리는 연말이 오면
모여서 같이 웃고 즐길 수 있는
소중한 친구들이 있기에 행복하지
시간이 흘러 나이가 더 들어도
친구들과 끈끈한 인연을 계속 이어가겠지

나에게 묻는다.
진순아!
니 일생에 가장 빛나는 날은 언제니
친구들과 함께 소중한 시간을 보내고 있는 지금이지.

눈과 연탄 공장

이승복 (인문학 18기)

겨울눈
누구에게는 낭만일지 몰라도
내 기억엔 반갑지가 않다
초등학교 5학년쯤일까
부모님은 항상 나를 부르신다
날은 추운데 눈은 녹아 질척이는데
아버지와 리어카를 끌고
수색 삼표공장 정문에 들어서면
까만 연탄가루 눈과 섞이어 질척 질척하고
내 신발에 까만 물과 함께 내 발을 때리는 칼바람
너무 추워서 눈물 흐르는데, 아버지 고함소리
"사내 녀석이 이 정도 추위도 못 견디냐"
눈 녹은 까만 연탄가루 바람에 발은 얼어가고
눈이 없었으면. . . 어린 마음속에는 칼바람만 분다

주사구멍

작은 병원 병명은 감기
아이가 아프다 얘기해도
그 정도도 못 참느냐는 말뿐

통증은 심해지고 버티지 못해
큰 병원 의심되는 병
검사를 위해 두꺼운 주사로
목뼈에 구멍을 낸다

마취 없이 뼈를 뚫는 고통에
성인 4명을 밀쳐낸다

뇌수막염 초기

의사는 지금까지 안 아팠냐 묻고
부모는 미안하다며 울고

목뼈 구멍은 마음 구멍
아이는 구멍을 가리고 가면을 쓴다

라면 먹는 날

원재희 (인문학 19기)

아버지 품삯 받는 날, 라면 한 박스

할머니는 방앗간에서 리어카로 싣고 온 맵재(왕겨)를 부엌에 잔뜩 쌓아놓고 지푸라기로 아궁이에 불을 붙여 맵재를 한 움큼씩 던져 넣으며 풀무질하셨다.

콩나물과 김치가 들어간 라면을 가마솥에 던져 넣으시고 파도 숭숭 썰어 넣으시고 뒤 안에 있는 닭장에서 계란도 몇 개 가져다가 깨 넣으시고 고춧가루도 고슬고슬 뿌리셨다. 며칠 동안 반찬이 없어서 소금국만 먹다가 가마솥에서 나는 머큼한 라면 향기에 우~

나는 라면에 빠져버렸다!

김슬기 23.07.20 02:19
그 상황에 있던 게 아님에도 불구하고 제가 그 상황을 겪은 것마냥 생생하게 표현을 잘 해주신 재희 선생님~! 묘사하는 능력이 아주 탁월하신 것 같아요! ??
재희 선생님께서 해주신 라면은 어떤 맛일까요? 기대하도록 하겠습니다 ❤

시나위 23.07.20 09:46
삼대가 합작해 끓인 '라면 글'에 나는 빠져버렸다.

김혜진 23.07.25 00:12
재희쌤이 이렇게 재미있게 글을 쓰시는 분이셨군요!! ㅎㅎ 다른 글도 많이 올려주세요~
맛있는 가마솥 매콤 라면도 소금국도 마음에 그려집니다.
언제 콩나물 김치 파 송송 계란 탁~ 라면 한 사발 같이 해요~ ^^

강경진 23.07.28 14:42
왕겨로 불 때는 것 생각나요. 계희쌤 덕분에 어린 시절 추억이 새록새록 하네요.
아버지 품삯으로 사 온 꿀맛이었을 라면 맛

옛집

누나의 전화를 받았다. 뜬금없이 홍천 옛날 집에 한번 가보자고 했다. 죽기 전에 한번 가봐야지. 나는 가슴이 덜컹했지만 그래 한번 가보자 했다. 누나는 대구에서 올라오고 나는 서울에서 내려가 원주 시외버스 터미널에서 만났다. 70 먹은 할머니답지 않게 누나는 몸에 꼭 끼는 검은 데 님바지에 새빨간 스포츠 자켓, 선글라스를 끼고 버스에서 내렸다. "야야, 우리 술부터 한잔 하자." 누나는 내 손을 잡아끌었다.

일흔 살 먹은 할머니와 예순다섯 살 먹은 동생은 터미널 앞 식당에서 대낮부터 고기를 구워 숨을 가다듬고 뜸을 들이며 술을 마셨다. 누나는 맥주에 소주를 타서 약처럼 들이켰다. "원주도 많이 변했다 그자?" "그래 많이 변했네. 그런데 와 군인들이 안 보이노." "여어가 군인도시 아이가? 그러게 군인들이 안 보이네." 대낮에 군인들이 보일 턱이 없지만 나는 괜스레 몸을 돌려 주변을 둘러보는 척했다. 우리는 다시 시외버스를 타고 횡성 갑천을 건너고 그 옛날 그렇게 높고 험했던 삼마치 고개를 넘었다. 누나는 가는 내내 내 손을 꼭 잡고 가끔 눈가를 훔치기도 했다.

세월이 꽤 흘렀지만 강변의 소읍은 크게 변하지 않았다. 하기야 55년이란 세월이 무어 그리 긴 세월인가. 겨우 55년. 우리는 옛 추억과 옛길을 더듬으며 우리 살던 옛집을 찾아갔다. "이 길이 그 길이가? 이래 좁았나? 이 집 보래, 고야나무가 아직 있네! 내가 이 집 고야 몰래 따먹다가 오빠

야한테 들키갖고." 누나는 키득거리고, 연신 놀라고, 감탄하며 그때마다 내 손을 움켜쥐었다. 마치 나를 놓칠까 봐 겁내는 듯이. 나는 누나의 호들 갑을 모른 척했지만 그 길이 눈에 훤했다. 팬티만 입은 단발머리 소녀가 살려달라고 울부짖으며 뛰어 내려가던 길, 판자에 시커먼 콜타르 칠한 제재소 담장 길. 어머니가 두 손에 애기포대기 끈을 쥐고 니 죽고 나 죽자 며 쫓아 내려가던 길.

　군인 사내는 제 아내가 집을 비우는 날이면 대낮에도 권총을 차고 집을 들락거렸다. 저 먼 경상도 시골에서 입 하나 덜자고 올려보낸 허기진 식 모 소녀들이 안방에 갇힌 채 흐느꼈다. 나는 문밖에서 무서워서 울었다. 파월 장병 군인들이 대낮부터 술에 취해 파병가를 부르며 죽으러 간다고 악을 쓰던 시절이었다.

　원룸들이 늘어선 골목을 기웃거리며 몇 번 헛걸음 끝에 마침내 우리는 옛집을 찾았다. "이 집. 맞네." "그래, 이 집이다." 골목 끝에 있는 그 집 은 우리가 몇 번 헛걸음치며 들여다보고도 너무나 쇠락해서 긴가민가한 그 집이었다. 좁고 너저분한 마당에 처마마저 한켠이 내려앉은 그 집은 상고머리 소년이 울면서 대문을 두드리던 그 집이 아니었다. 당시엔 보 기 드물었던 완강했던 철 대문도 경첩이 빠져 한쪽이 기운 채 온통 칠이 벗겨져 죽음을 앞둔 노인네의 검버섯처럼 흉측했다. 나는 잡초가 무더기 진 마당을 물끄러미 들여다보며 차라리 안도했다.

　우리는 투다리라는 옛날 간판이 붙은 허름한 주점에 들어가 앉았다. 나 와 함께 초등학교를 다녔을 법한 나이 든 여자가 허연 더께 앉은 한치를 내왔다. 누나가 혀를 차며 말했다. "좋은 술집 다 놔두고, 니도 참." 술이 몇잔 들어가자 누나의 볼이 발그레해졌다. "야야, 나 어떴노. 이번에 보톡스 시술했다." "어쩐지 달라 보인다 했네." "괘안나?" "괘안네. 후배 아들도 형님 이뻐졌다고 난리굿이다." 루즈 바른 입술 가에 허연 한치 분을 묻힌 채 누나가 환하게 웃었다.

누나는 대구까지 택시를 대절했다. "내가 데려다주까?" "아이다 혼자 갈란다. 혼자 갈 수 있다." "그래 잘 가래이. 우리도 한 시절 다 보냈다." 누나가 입을 앙다문 채 나를 가만히 보았다. 그때 나는 그 옛날 단발머리 소녀를 다시 보았다. 어느 날 날개가 꺾이기 전, 다부지고 날렵했던 여름 제비 같았던 소녀를. 택시가 어둠 속에서 멀어져 갔고 나는 어둠 속에 서서 들어가 누울 여관을 찾아 읍내 거리를 둘러보았다.

아현역 2번 출구에는 추억 그리움이 있다

이용재 (인문학 19기)

며칠 전 인문학 동기들과 삼겹살 파티로 과음한 탓에, 31년 전 아버지의 소개로 단골이 된 해장국집에 가서 속풀이를 했다. 끈적하게 흐르는 땀을 닦으며 횡단보도를 건넜는데 흰색의 보도블럭 위에 진한 보라색에 깜짝 놀라 '순간 피?' 아니었다. 고개 들어 위를 보니 뽕나무에 보라색 뽕이 많이도 달려있었다. 여러 가지 옛 추억이 떠올랐다. 수없이 많이도 이 길을 다녔는데 오늘에야 발견하다니. 아버지와의 추억이 떠올라 가슴이 먹먹했다.

다음 달이 아버지 28주기 제사인데, 참여는 할 수 있을까.
답답한 마음에 고개만 절로 떨구어지는 초여름이다.

내 고향 오일 장터

장채민 (인문학 18기)

시끌벅적한 오일 장터에는
사람들이 살아가는 정이 흐르고 맛이 넘쳐난다
"뻥이요!" 소리와 함께
하얀 연기 속에 묻혀 전해지는 구수한 튀밥 냄새가
코끝으로 전해오고
보따리에 싸 들고 온 곡식이며 밤과 대추를 펼쳐놓고
"오늘 아침에 거둔 것들이요. 씨알도 좋고 겁나게 달고 맛있응께 보고들
사 가시요"
고래고래 소리 지르는 할머니,
그 옆에는 쥐약이나 바퀴벌레 고약 같은 걸 펼쳐놓고
"요 고약으로 말헐 것 같으면 온갖 부스럼 종기 두드러기
같은 것을 한 번만 발라도 직빵이요 직빵."
하고 구라치는 약장수 아저씨,
저쪽 모퉁이에서는 막걸리 내기 윷놀이하는 아재들
하나같이 그을리고 주름진 얼굴에 가득한
삶의 다양한 모습들,
지금은 그 모습이 사라졌지만 내가 살았던
고향의 정겨운 오일 장터의 모습이다
생각해 보니 괜스레 마음이 찡~해진다.

시골집

故김중영 (인문학 18기)

나무대문을 제끼고 고개를 들면
대추나무가 하늘을 가리고
뒷마당으로 돌아 들어가면
감나무 배나무가 하늘을 가리고
텅 빈 마루에 앉아 고개를 들면
희미한 할머니 얼굴이 하늘을 가리고
안방에 들어가 대자로 누워보면
코흘리개부터의 세월이 눈앞을 가리고
눈을 지그시 감아보면
입꼬리는 올라가고 이슬이 맺힌다

1982년 가오리 별곡

한명희 (인문학 18기)

수유리 빨래골과 장미원 사이에 낀 가오리라 불린 곳
북한산 밑자락에 150평 남짓한 사각 진 땅에 15가구가 옹기종기 세 들어
살았다.
한쪽에서부터 1호, 2호~15호 이렇게 불리었고 대각선으로 화장실이 두
곳,
한쪽 귀퉁이에는 식수로 사용하는 수동펌프, 빨래터와 세면장,
짚세기로 대충 가린 동굴 같은 공용샤워장이 있었다.
뒤로는 세 발 큰 뜀 넓이의 '가오리천'이 악취를 풍기며 쌍문동으로 흐르
고
중간에는 텃밭과 공터도 있었다.

3호에는 담배를 입에 달고 살고 울긋불긋한 화장을 미친년처럼 떡칠한
밤술집 다니는 늙은 누나가 사는데
낮엔 이웃꼬맹이 손발톱도 깎아주고
굶은 애들 라면도 끓여 먹이고
내가 머리에 껌을 덕지덕지 붙여오면 석유를 발라 떼주고
머리까지 감겨주던 착한 누나였다.

6호 삼춘은 권투 배우는 노총각 백수인데
하루는 도끼질하다가 지 발등을 찍어, 쩍~ 벌어진 상처가

거뭇거뭇 썩어가는데도 '헤헤' 웃으며 애들에게
풀잎으로 쪽배를 만들어 주고 땅강아지도 잡아주었다.
얼마 후, 술집누나와 권투삼춘은 눈이 맞아서 한 살림 차렸는데
매일 왠수마냥 머리끄댕이 잡고 싸우고
담날이면 권투삼춘 눈탱이가 퍼런 체, 또 '헤헤' 웃는다.

7호에는 같은 반 친구 준호가 사는데, 사흘이 멀다 하고
아저씨가 고주망태가 되어 아줌마 모가지를 빨랫줄로 돌돌 감아
'너죽고 나죽자~' '아이고! 사람 살려~' 소리를 꽥꽥 지르고,
옆에선 준호가 겁에 질려 바들바들 떨며 울곤 했다.
그런데도 한두 명 나와서 말리는 시늉만 할 뿐,
개코나 신경도 안 쓴다. 하루이틀 이어야 말이지.

9호에는 나보다 1살 어린, 체구가 작은 재호, 재신이란 쌍둥이가 사는데
가끔 나랑 2대1로 드잡이질을 할 때도,
솜씨 좋은 그 집 엄마가 만드는 떡볶이, 튀김을 맛보려면
싸움에 져주는 수밖에 없었다.

우리 집은 5호에 내내 살다가 웬일인지 펌프 옆 15호로 50미터 이사했는데
다락방이 딸려있어서 좋아한 것도 며칠뿐,
아침이면 일주일이 멀다하고 연탄가스에 중독되어 축 늘어진 채
엄마 등에 업혀 나와 찬 바람을 쐬고 김칫국물을 들이켰다.
엄마도 연탄가스를 마셔 괴로우실 텐데도
밤새도록 삭힌 감주를 들통에 담아 머리에 이고

다른 한 손에는 쥐포와 껌을 들고 동대문 평화시장으로 향하신다.

두어 달에 한 번씩 집주인 아주머니가 월세를 걷으러 오시는데

마흔 살이던 엄마를 '아가씨' 또는 '한실네'라 불렀고

엄마가 '죄송하다'고 하면 '괜찮다'고 하시며

엄마와 나를 자장면집으로 데리고 가셨다.

이듬해인 국민학교 5학년 때, 한참 떨어진 큰길 옆

2층 양옥 부잣집 마당 한켠의 셋방으로 이사가던 날

덩치가 코뿔소만한 주인아저씨가 나오시는데 서울고등학교 야구부 감독

님이라신다.

등 뒤에 숨은

한 여자아이가 하얗고 뽀얀 얼굴을 삐쭉~ 내미는데,

눈앞이 캄캄해지고 세상이 멈춘다.

내가 짝사랑하던, 새초롬한~ 옆 반 부반장이다.

" 이런 젠장!! "

형님 22.05.18 10:25
8가구가 모여 살던 집
10가구가 모여 살던 집
달동네로 올라가 물지게 져야 했던 동네
그리고
오류동 햇볕이 들지 않고 대문간 화장실을 이용했던 시간
지금은 내가 너무 행복한가...

시나위 22.05.18 10:25
오~~ 이런 이런!!
눈에 팍 띄는 제목, 가슴에 착 달라붙는 소제, 손에 콕 잡힐 듯한 묘사,
입에 착 달라붙는 문장, 더 이상 손 볼 곳 없는 극적 마무리.

난 정말 반했어. 가난했던 어린 시절 풍경이 이렇게 아름다울 수가 있다니!
난 정말 반했어. 아싸~~ 가오리 ~~

인문학 22.05.21 21:24
'아싸~~ 가오리~~'란 표현은
제가 먼저 글에 실었어야 했는데.........
분하고 원통합니다!!

김순철 22.05.18 14:17
1982 추억이 새록새록 나네요. 저는 그때 정보부 옆 이문3동 고모님 댁에 있었는데 연탄가스 사고 소식을
주변에서 들었습니다.

성지후 22.05.18 18:04
다음 이야기가 기다려지는 한 편의 소설 같아요~ 나날이 일취월장이십니다~~^^

인문학 22.05.20 12:27
^^~~^^♡

이승복 22.05.19 10:39
어릴 적 기억 새롭네요
추억 참 많이 힘들었는데
선생님 글 읽으니 아련하네요

최○식 22.05.20 13:53
2편 빨리 올려주세요.

인문학 22.05.20 14:17
2편은 없어요~
나중에....
중학교 때 찌질한~ 얘기 올릴게요^^

김용극(활동가) 22.10.07 09:58
전설의 작품이 이곳에 있었군요 ㅋㅋ

인문학 22.10.26 04:43
미래를 볼 수 있었다면~
이 글을 쓰지 않았을텐데..................

은반지, 성프란시스대학17기 독서 모임 '한 그루'를 추억하며

김봉은 (인문학 17기)

서울역과 인연을 맺은 2008년 햇수로 보니 15년이다. 많은 사람들과 만나고 헤어졌지만 아직까지 인연을 맺고 있는 사람들은 성프란시스대학에서 인문학을 공부한 사람들이다. 이분들의 인연으로 나도 성프란시스대학에서 인문학을 공부하면서 더 많은 인연을 쌓고 싶었지만 기회가 주어지지 않았다.

2021년 운 좋게도 성프란시스 17기에 입학하였다. 기뻐하면서도 긴장이 되었다. 17기 동기분들과 잘 지내야 할 텐데, 공부하러 왔는데 나의 게으름으로 즐기려고만 하는 시간이 아니었으면 하고 말이다. 이를 해소하기 위해 17기 동기들과 책 읽는 모임을 하고 싶었다. 수업 전에 한 번 제안을 하였으나 별 반응이 없었다. 동기들과 조금 더 다가가면서 다시 한번 지나가는 이야기로 책 읽는 모임 제안하였다. 근데 몇 분이 응답을 하였다. 이렇게 책 읽는 모임이 시작되었다.

모임 이름은 '한 그루', 하나의 마음으로 나무 한 그루가 우뚝 솟아 우리 이야기를 하면서 뿌리를 내린다는 의미로 지었다. 모임이 활성화되면 '우리들도 한 뼘 더 자라는 사람이 될 것'이라고 희망하며.

우리는 왜 독서 모임을 하는가?

- 독서를 매개로 사람과 사람이 만나 관계를 형성하는 것이 좋다.

독서 모임을 어떠한 방식으로 하는 것이 좋은가?

- 자유롭게 책을 선정하여 읽고 우리들 생각을 이야기 하자.
- 고정적인 모임이 필요하다.(일주일에 한 번 모이며, 1시간은 생활 이야기 나누고, 1시간은 주제에 맞는 토론을 하자)
- 장소를 정하자.(길 카페, 강의실, 남산 야외 모임 등)
- 한 사람이라도 모임에 나오면 혼자라도 시간 지키고 독서를 하자.
- 누가 참석하지 않아도 탓하지 말자.
- 17기 전체 모임에서 독서 모임을 공개하자.
- 한 달에 한 번 회비를 내고 총무를 정하자.

이러한 내용을 가지고 독서 모임 한 그루는 출발하게 되었다. 독서모임 한 그루 첫 모임은 2021년 5월 24일 화요일 남산도서관 앞에서 모였다. 첫 모임에서는 마침 철학을 강의하시는 안성찬 교수님께서 당신이 번역 하신 책 『윤리, 최대한 쉽게 설명해 드립니다』(페르난도 사바테르 지음, 안성찬 옮김, 이화북스)를 고맙게도 선물로 주셔서 이 책을 선정하게 되었다. 독서 모임은 큰 주제를 정하고 소주제를 개인별로 공부하여 발표하는 토론식 모임이었다. 독서 모임 한 그루는 카페, 강의실, 야외 모임을 하면서 회원들의 열성으로 이 책을 끝까지 읽었다. 다음 책으로 『철학, 최대한 쉽게 설명해 드립니다』(페르난도 사바테르 지음, 안성찬 옮김, 이화북스)로 계속 모임을 해 나갔다. 이 책도 안성찬 교수님께서 고맙게도 선물로 주셨다.

그러나 철학 책을 펴 놓은 지 얼마 되지 않아 코로나19로 모임을 중단할 수밖에 없었다. 비록 함께 모이지는 못하였지만 독서 모임 한 그루 회원들은 책을 읽고 나름대로 정리하는 시간을 가지기도 하였다. 가끔 식사 자리도 만들어 가면서 모임을 끈끈하게 이어 나갔다.

이제 성프란시스대학 1, 2학기 수업이 모두 끝나고 졸업 시간이 다가온다. 독서 모임 한 그루는 식사 모임에서 이번 모임이 마지막 모임이 될지도 모른다고 생각하면서 성프란시스대학 17기 독서 모임 한 그루의 기념이 될 만한 추억을 남기기로 하였다. 조금은 촌스럽지만 그동안 모아놓은 회비에 조금 더 보태어 기념 은반지를 만들었다. 비싸지는 않지만 예쁜 은반지를 주위 사람들에게 자랑했더니 의미 있다, 부럽다는 등 칭찬을 해주었다.

성프란시스대학 17기 학생들의 소모임 독서 모임 한 그루가 코로나19로 인하여 더 많은 책을 읽고 토론하는 시간을 가지지 못하였지만 우리들 가슴에 끼우는 작은 은반지는 우리를 추억하는 시간이 되어 줄 것이다.

껌정고무신

껌정고무신, 책 보따리 속에서 흐르는 김칫국물
아따 엄니는 짠지나 넣제 김치를 너갔고
학교 까지는 3~40분 거리다
논두렁 밭두렁을 지나고 개울까지 건너야 한다
비가 많이 와서 개울이 불어나면
동네 성들이 기다렸다가 건네주던 냇가
학교 끝나고 오던 길에 홀라당 벗고 멱 감던 곳
시험 못봐서 벌 받고 숙제 안 해 남아서
교실과 화장실 청소하고
껌정고무신 신고 국민학교 다녔던
어린 시절의 추억들
지금 이 나이가 됐는데도 철이 없는 걸까?
책 보따리 매고 껌정고무신 신고
학교 가는 꿈을 꾸고 있으니 말이다

어부바

조재광 (인문학 17기)

둥근달이 밝은 어느 날 온 가족 둘러앉아
송편을 빚으며 화기애애한 이야기꽃을 피웁니다
그중에서 어머니 고달픈 서울살이 중 떠올리신 꽃 한 송이
한 광주리 떡을 머리에 이고 동네 골목 장충단공원
이곳저곳 다니실 적 갓난 둘째 아들 등에 매달고 다니셨다
어느새 아가는 잠이 들고 머리는 좌우로 흔들리며
가뜩이나 힘드신 어머니를 더욱 힘들게 한 옛이야기에
둘째 아들은 아무런 말을 못 하였습니다
고생하신 어머님 그 자리에서 업어드리고 싶었지만
부끄러워 말 못하고 낯만 붉히고 너무 어려
기억이 안 난다고 도리질만 하였으니
돌아오는 생신날은 등에 모시고 동네 한 바퀴 해야겠습니다

2부

누구 없소

누구 없소

1. 관계의 감옥

그 아이

배〇환 (인문학 16기)

그 아이는 3명의 누나가 있는 철공소 집 막내아들이다. 그 아이 집은 부산동네 건달이 많다고 소문난 동네. 매일 밤, 술에 취해 젓가락 두드리며 돼지 멱따는 소리와 싸우는 소리를 자장가 소리로 알고 지냈다. 집에 그 아이의 아빠가 술에 취해 잠들어야지 오늘도 무사히 지나간 것에 신께 감사하며 잠들었다. 그 아이에게는 멱을 따는 소리와 밖에서 싸우는 소리는 그냥 자장가였다.

그 아이 아빠는 아이가 10살 때부터 매주 일요일이면 다른 가정집에 알루미늄 샤시문을 설치하는 곳에 데리고 갔다. 그 아이는 아빠와 함께 일하는 것이 지옥이었다. 성격 급해 말조차 어눌하면서도 정식 명칭이 있는 공구를, 되도 않는 일본어로 말해, "네 네 이거요?" 하면 말귀도 못 알아듣는다고 욕하며 때렸다. 그래도 그 아이는 버텼다.

그 아이 엄마가 그 아이 놓을 때, 다리부터 나올 것 같아 수술해야 했을 때, 그 아이 아빠는 술에 취해 잠들어 있었다. 자기가 돈을 모아놓지 않았다면 죽었을 거라는 말에 아이는 속으로 웃는다. 그냥 죽게 내버려두지. 젓가락 두드리는 데 쓴 돈이나 아꼈으면.

그 아이는 고등학교 들어가고 처음 여름방학 때 얇은 실마저 끊게 만드는 사건이 발생했다. 누나라는 호칭을 쓴 악마의 행동에 천사 같은 아이는 시퍼런 칼을 들었다. 그래도 실이 완전히 끊어지지 않았는지, 아이의 다리를 붙잡고 소리 내어 우는 어머님의 모습을 본 후, 그 아이는 자신도 모른 체 잠들어 버렸다.

그 일이 있은 후 그 아이는 언덕 위에 하얀 집이라고 불리는 곳으로 엄마 손을 잡고 들어갔다. 하얀 가운을 입은 사람이 질문해도 아이는 입을 다물고, 엄마가 대신 대답했다. 아빠 때문이라고, 지금도 가족 중 유일하게 보고 싶은 그 사람에게 차마 말할 수가 없었다. 그 악마 때문이라고, 그렇게 하얀 집은 또 하나의 감옥이었다. 매시간 뭔지도 모르고 먹던 약. 이틀에 한번 심하게 구토해도 버틸 수 있는 힘이 있었다. 그 아이는 자기 자신을 놓은 방법을 터득했다. 침대에 누워 다른 사람의 삶을 살았다.

때로는 아주 멋진 핸섬 가이로 때로는 신으로 때로는 판타지 소설에 나오는 주인공으로. 두 달 후 면회 온 어머니에게 그 아이는 두 달 만에 처음으로 입을 뗐다. 집에 가고 싶다고. 왜 그랬을까? 집도, 하얀 집도 그 아이에게는 끔찍한 감옥이었는데.

그러나 1주일 만에 그 아이는 3만 원을 가지고 집을 나왔다. 잘 곳이 없어 거리에서 뜬눈으로 지새우고 아침이면 도서관에 가 문을 닫을 때까지 있었다. 우연찮게 벼룩시장에서 광고를 보고 그 아이는 중국집에서 일을 시작했다. 그해 겨울 수능시험 전날. 가족끼리 중국집에 와서 고생했다고 위로하며 식사를 하는 가족을 본 후,
그 아이는 다시 학교에 들어가고 싶은 생각이 들었다. 그 가족들이 행복

해 보였다. 그들처럼 가족의 행복을 느낄 수 있을까? 행복까지 아니지만 그냥 평범하게 살 수 있을까? 대답은 NO였다.

그 아이는 8개월 만에 어머님에게 전화했고, 다시 고등학교에 복학했다. 어머니가 빚내어 얻어준 방 한 칸짜리 집에서 평범한 학생으로 지냈다. 매일 라면만 먹어도 그 아이는 너무 좋았다. 평온한 보금자리가 생겼으니깐.

사연 많은 그 아이 이야기를 듣고 있으면 왜 이렇게 눈물이 날까? 나도 나이가 들었나 보다. 세월이 흐르면 남자는 감정이 풍부해져 눈물이 쉽게 흐른다고 하지. 술잔을 기울인다. 인생의 반도 살지 않았지만 내가 정신과 전문의라면, 그 아이에게 필요한 조언이라도 해줄 텐데. 그냥 과거일 뿐이라고, 과거에 얽매이지 말고, 어려운 일이 닥치면 도망갈 생각하지 말라고, 힘든 일, 스트레스, 때로 사람들이 무서우면 덜컥 겁부터 먹지 말라고, 그냥 생각만 하지 말고 뭐든지 해보라고, 해보고 안 되면 그때 가서 포기하면 된다고.

인생은 100M 달리기가 아니란다. 달리다가 넘어질 수도 있지. 그동안은 옆에서 손잡아 줄 사람이 없었지만 지금은 있잖아. 다시 일어나서 달리면 돼. 사람들은 1등만 기억할 테지만 꼴등해도 응원해 주는 이가 있잖아. 아이야, 과거는 그냥 스쳐 지나가는 바람이란다. 아무리 큰 태풍이라도 그때뿐이란다. 결국 시간이 흐르면 지나가. 구름 한 점 없는 눈부신 태양이 떠오를 거야. 아이야 그렇지. 오늘은 생각이 많아지는 하루구나.

바다 20.08.08 06:59
당사자가 아니기에 백 퍼센트라고 할 수는 없겠지만, 간만에 생각이 많아지는 하루를 겪고 있는 한 사람
으로서 선생님의 오늘이 이해가 됩니다. 이해할 수 있어요. 이해가 돼요.

형님 20.08.08 14:09
우리는 살아오면서 많은 이야깃거리를 가지고 살아갑니다. 사람마다 주제가 다르고 살아온 내용도 다를
수 있지요. 기억하고 싶은 일 지워버리고 싶은 일 등 많은 이야기가 우리 삶에 담겨있지요. 그러다 어느
날 나를 돌아보게 됩니다. 나의 기억들을 안고 또 내가 살아가는 현재 그리고 미래를 생각하면서 지금까
지 살아왔던 다른 삶을 생각하고 또는 그 기억 발전을 위해 더 노력하기도 하지요. 저는 지나온 기억들 모
두를 안고 가지는 않을 겁니다. 좋은 기억들을 간직하고 또 다른 나의 행복을 위해 살아가고 싶습니다.

집돌이 20.08.08 18:09
나 또한 지난 일들을 생각하게 하네요. 하지만 과거는 과거일 뿐 미래를 향해 열심히 살아가려고 합니
다.??

부산사나 작성자 20.08.08 18:23
네~~ 과거는 지나가는 바람일 뿐. 김필의 그때 그 아이라는 곡을 듣고 글쓰기 시간에 한번은 나에 대해서
적을 것 같아서 미리 적었습니다. 5일 정도 출퇴근 때 마을버스에서 조금씩 적다가 이틀 전 술에 취해 글
을 올린 기억도 없었는데 새벽에 글이 올라온 것을 보고 놀라 글을 지우고 어제 마무리해서 올렸습니다.
인문학 수업 졸업할 때쯤 글을 올리려고 했었는데...

가족 사진

배○환 (인문학 16기)

우당탕탕, 쨍그랑
깨지는 건, 가족사진
엄마는 나를 안고 골목을 나와
담벼락에 몸을 숨긴다

비는, 주룩주룩 내리고
소주 냄새는 공기를 타고
코를 찌르는 것 같고
엄마 눈에 흐르는 비는
여우비 같고
하늘도 안타까워 눈물비를 내리고
나는 이 순간이 빨리 지나갔으면 하고

고개 숙여 가슴 치는 엄마를
난 조용히 안아주고
사람들은 우산으로 얼굴 가린 채
잠시 눈빛을 주고 제 갈 길로 가고
담벼락은 조용히
비만 흘러내리고

시나위 20.12.02 11:43
감정을 직접 드러내지 않고 차마 말로 드러내지 못한 슬픔, 아픔, 안타까움 등을
외부 풍경에 의탁하는 구성이 참 좋았습니다.

형님 20.12.03 13:27
엄마와의 기억 엄마와 투닥거릴 때가 그립습니다.

바다 20.12.15 12:47
감정이 대놓고 드러나 있지 않아도 이렇게나 절절하게 느낄 수 있기에 교수님이 시를 쓰면서 감정을 직접적으
로 드러내지 말아볼 것을 강조하셨구나 싶네요.. 이 시를 읽으며 깨닫게 되는 것이 있었어요.. 감사해요..^^

늦은 밤 네가 본 나의 모습

유상욱 (인문학 16기)

백 보 밖에서 보니 동그랗고
오십 보 앞으로 다가서니 네모나고
바짝 앞에서 보니 세모구나
손끝으로 톡 아무런 요동도 않고
주먹으로 툭 듣도 보도 못한 소리를 네네
몹시도 궁금하여 냅다 발길질을 하니
네가 나뒹굴어지는구나!

스톡하우젠의 빛

배○환 (인문학 16기)

지금 이 순간 스톡하우젠의 빛 연주가 시작되고
검은 악보 위에 한 줄로 박자를 기다리는 음들이
자신의 차례에 맞춰 아름답게 연주되고
잠시, 신호와 함께
피아노 솔로 파트가 시작된다
건반 위 많은 손들 박자에 맞춰 움직이며
지휘자 손놀림에 따라
아름다운 선율이 울리고 있다

어둠이 짙어지고
건반 위엔 흔들리며 박자를
타고 있는 손가락
함께 어울리고 싶어도 외면당한다

한 손에는 술병, 다리는 휘청
눈살을 찌푸리는 많은 음과 쉼표들
건반 위를 달리는 손가락
나를 봐달라고 외친다

어둠이 내리고 비가 오고
손가락은 목놓아 외치고
거리에서 잠이 들어도
연주는 계속된다

호박

김봉은 (인문학 17기)

나는 척박한 곳이라도 먹을 거만 있으면 잘 자란다

누가 나를 특별히 보호해 주지 않아도

나는 이름 모를 야생 들꽃처럼 끈질긴 생명력을 가지고 있다

나는 자라면서 예쁘게 피어난다

하지만 타인에게 내 모습은 예쁘게 보이지 않은가 보다

나의 예쁜 모습을 보고 그냥 지나치기만 한다

예쁜데 왜일까

사람들은 내 예쁜 얼굴 말고 다른 무엇인가 필요해서 찾는다

시간이 흘러 나는 늙은 노인이 됐다

예쁘지 않던 나의 몸값이 올라갔다

나를 외면했던 그들이 나를 선택해 주는 이 시간이

내 생애 가장 행복한 시간이다

누구도 나를 사랑하지 않았다고 생각했는데

살다 보니 나도 누군가처럼 소중한 존재였고

내 주위에 많은 이들이 있었다는 것을 알게 되었다

사랑할 줄 몰랐던 나는 이제부터라도 나를 사랑해야겠다

관계의 감옥

배○환 (인문학 16기)

"수감번호 811223번"
난 무거운 쇠사슬에 꽁꽁 묶인 죄수다
매일 간수는 나를 채찍질한다
"수감번호 811223번, 다른 죄수하고 쇠사슬 연결 고리에 연결해"
난 채찍질을 맞아 살이 찢어져 시뻘건 피가 난무해도
차가운 물대포를 맞아 몸이 쓰라리고 얼어붙어도
연결하지 않는다
왜?

채찍에 맞으면서도 힘겹게 움직이고 있는데
연결 고리에 연결하면 두 배로 고통스러운 걸 알기에
오늘도 매를 맞으면서 버티는 나를
간수들과 죄수들이 비웃으며 쳐다본다
신이여, 왜 저들은 쇠사슬에 묶인 몸뚱어리들을 서로 연결했는데 힘들어
하지 않죠?
나의 쇠사슬이 그들 것보다 무거운가요?

신이 말씀하신다. 하나와 하나가 더하면 하나라고
난 이해가 안 된다. 하나와 하나를 더하면 둘이지
연결하면 덜 힘들다고, 나보고 연결하란다

결국 난 연결한다

싫다. 어색하다. 부담스럽다

하지만 이젠 연결되어 끊을 수도 없다

신이여

저와 죄수들의 심장에 큐피드의 화살을

쏘아 주세요.

누군가를 진심으로 사랑할 수 있도록

오늘도 난 관계의 감옥에서 신께 기도한다

김연아 20.07.29 18:03
'하나와 하나를 더하면 하나라고... 둘이라고 배웠는데' 이 부분에서 이 시가 떠올랐습니다 ^^ 저는 왜 모두의 쇠사슬이 무거운 거 같죠? 제 쇠사슬도 꽤나 무겁게 느껴집니다. 낑낑...

시나위 20.07.29 19:23
수감번호 811223
발상이 참 신선했어요.

형님 20.07.30 10:34
세상은 나 혼자 살아가는 것이 아니지요. 공동체를 이루며 살아가는 것이 사회입니다. 하기에 내가 홀로 외로워할 때 주위에서 그 외로움을 함께 풀어나가는 것이지요. 나도 이제부터 혼자 고민하지 않고 부산 사나이처럼 내 무거운 고민, 주위와 함께하렵니다.

집돌이 20.07.30 15:04
맞습니다. 혼자 사는 것이 아니라 더불어 사는 것 같습니다

3초!! 20.07.30 15:44
그들과 사는 속도와 방식이 다르다. 대화는 하지만 공감대가 많지 않고 사회인으로서 적절한 반응을 해주는 것도 피곤한 일이다. 기대치를 보여 주거나 타인을 기준 삼아 요구하는 모든 것이 누군가를 늪지로 밀어 넣고 있음을 그들은 모른다. 틀린 것이 아니라 다른 것일 뿐이라고 외치고 싶다. 힘들면 말해도 돼. 조용히 들어주고 다름을 이해하고 마음이 열릴 때까지 기다려 주는 이도 분명 있으니까 ^^

2. 아버지의 등

누구 없소

글: 김성배 (인문학 15기)

그림: 신웅 화백

덩그러니 쭈그린
막걸리 한 잔
다
타버린
너를 따르니
핫바지처럼 비워지는
나
울음이 목젖에 걸린다.

손톱

박준호 (인문학 19기)

그대가 내게 날 얼마나 사랑하냐고 묻는다면
내 대답은 "손톱만큼"이라고
눈물을 글썽이며 뒤돌아서는 그대에게 말할 것이다
잘라내도 잘라내도 평생 자라나는 손톱처럼
사랑한다고

시나위 23.12.06 14:40
손톱을 자를 때마다
이 글이
생각날 것 같아요.

태풍중사 23.12.06 14:43
오호 그렇지 사랑은 자라나는 것이지

꿈에

이○은 (인문학 16기)

무릎이 시려올 때
어머니 에고! 에고!
꿈이라도 다시 듣게 되는 날

구수한 누룽지 움켜쥐고
품에 앉아 오도독
꿈에라도 다시 보게 되는 날

새벽 빛에 흩어질까
부랴부랴 산에 올라
사진 속에나마 내음 날까
긴 시간 마주하는 날

따뜻하게

조〇남 (인문학 16기)

오래 기다렸는가?
따뜻하게
겉옷이라도 입고 왔나?
차디찬 바람을
맞고 나온 누이
한눈을 팔고 온 나
골목 끝 서 있는 가로등
누이 가슴처럼
따뜻하게

친구(라이터)

이○은 (인문학 16기)

사흘째 굶었다

소화기관들은 보챔 없이 잠잠하다

뒷골목 약국에 다녀오는 동안 잠시 앉아 쉴 곳을 자주 찾는다

어느 건물 앞 계단에 앉아서야 부르르 떨던 휴대폰을 뒤늦게 확인해 본다

집 앞이라는 친구의 메시지

친구는 직접 만들었다며 죽이 담긴 커다란 용기를 건네준다

같이 담배를 꺼내 문다

라이터 불이 바람 때문에 계속 꺼지자 친구가 두 손으로 바람을 막아 준다

내게 전해지는 두 손 가득 채워진 온기

형님 20.06.24 08:10
겉으로 웃고 있어도 속으로 삼키면서 우리는 그렇게 살아가지요. 두 손으로 바람을 막아주는 친구가 있어
부럽습니다. 어떤 눈물인지 이해가 갑니다. 그냥 힘내시라는 말은 차마 못 하겠습니다. 하지만 3초님 옆에
는 따스한 분들이 계시네요.

시나위 20.06.24 09:07
"두 손 가득 채워진 온기"를 전하는 친구
"넘치는 인정"
돌아서도 잊지 못하고
다시 눈물 찍으며 다가서게 만드는
당신들

사오정 20.06.24 14:42
저 요즘 자꾸 잊어먹어서 걱정이에요. ㅠㅠ

아버지의 등

김○기 (인문학 17기)

6.25 정전 후 아버지는 군대 제대하시고
나를 없고 동네를 하루 종일 돌아다니셨던 것 같다
"아버지, 저거 이기나" "그럼 다 이기지"
또 물어본다 "아버지, 저거 이기나" "다 이긴다"
그 등에 업힌 기억이 일 갑자를 넘었다
아버지 그대 등이 그립습니다

브로치

백○호 (인문학 17기)

1996년 2월 12일 한 쌍의 연인이 김포공항 대합실에서
서로 눈만 바라보며 긴 이별을 준비한다

아무 말 없이 한 손에 쥐고 있는 브로치를
그녀의 베이지색 줄무늬코트 왼쪽 가슴에 달아주며
"혹시 내가 생각나면 한 번씩 봐"
"나 안 가면 안 돼"
닭똥 같은 눈물을 흘리며 고운 두 손으로 나의 가슴을 때린다

우리가 왜 헤어져야 하냐며 내 품에 안겨
날 원망하고 영원히 미워할 거란다
제발 날 잊으라 말하고는 그녀 이마에 뽀뽀를 해주며 돌아섰다

그녀가 탄 비행기는 내 눈 속으로 사라져 가고
내 마음 갈기갈기 찢어졌다

시나위 21.10.20 16:47
으~~호박꽃 샘
맘 찢어지는 글 쓰느라 아침이슬 몇 병이나 비웠을까
수고하셨습니다. 샘이 쓴 글이 해장국이네요. 속 푸세요^^

형님 21.10.20 18:01
호박꽃 선생님 아름다운 추억을 가지고 계시네요.
가슴 아프지만 아름다운 ㅎㅎ 호박꽃님 글이 기다려지네요.

리얼리스트 21.10.20 18:24
아... 너무 오래된 아주아주 찐한 추억이네요. 그래도 살면서 이만한 낭만이 있다는 게 얼마나 좋은가요?
ㅎㅎ 새로운 삶 새로운 인연을 위해 화이팅하세요!!

안고, 안기고, 업고, 업히기

박석일 (인문학 17기)

나의 어머니와 나는 띠동갑이다. 나의 어머니 36세에 나를 낳으셨다. 내가 유아 시절 어머니는 젖이 모자라, 나는 어머니 친구분들 이분 저분의 젖동냥 받아 컸다 한다. 그래서 내가 나중에 커서 고등학교 들어가고, 직장생활 하다 고향을 들르면, 동네 아주머니들은 "아이구 내 새끼 석일이 왔나? 니 어릴 때 내 품에 안겨 젖 달라고 옹알거리던 놈이 이제 다 컸네."라며 내 엉덩이를 툭툭 쳐 주셨지. 그리고 내 나이 24살에 세상을 떠나셨다. 그리고 그 후 어머니 친구분들도 세상을 떠나셨다.

1982년 이맘때 어머니는 환갑 맞은 해에 질환으로 용산 지역의 어느 병원에 입원해 있으셨다. 가끔 의식을 잃었다 찾으셨다 하다가 어느 날, "석일아, 내가 아무래도 오래 못 살 것 같다. 내가 내 친구들에게 술상이라도 한번 차리고 세상을 떠나야 하는데, 그러지 못할 것 같으니, 니가 나중에 내 친구들에게 술상 한번 올려라. 니는 어릴 때 내가 젖이 모자라 내 친구들 젖을 먹으면서 자랐으니, 니는 내 친구들 새끼이기도 하다. 알았제?" 그로부터 두세 주 지나, 병원에서 어머니를 집으로 모시란 이야기를 듣고 용산에서 청량리로 이동하여, 청량리역에서 기차 좌석으로 어머니를 모시는 동안, 그리고 기차에서 내려 고향집으로 모시는 동안 내가 어머니를 업기도 하고 안기도 하며 이리 뛰고 저리 뛰었다. 그런데 말이다. 내 등 위의 어머니 몸무게가 새털처럼 가볍다. 하늘을 휘날리는 함박눈처럼 가볍다. 소스라치게 놀라 속으로 "어매, 세상 떠나려 하나? 어매 어찌 이리 가볍노?" 어머니를 고향으로 모시고 며칠을 밤새워 간호하다가 12월 초순 어느 날 같은 동네에 사시는 외가 사랑방에서 잠시 눈을 붙이고 있는데, 외숙모가 다급하게 소리치신다. '석일아, 일어나라, 니 어매 눈 감으셨다." 순간 발바닥을 퉁 바닥 치면서 일어났는데, 외숙모 뒤로 함박눈이 푹푹 내린다. 어머니 죽음을 함박눈이 평화롭게 영면하라고 위로하는가? 아니면 또 하나의 별로 승천하는 나의 어머니의 영혼을 맞으려 무수한 은하수 별들이 그 함박눈에 안기고, 업혀 지상으로 내려오는 것일까?

시간이 많이 지났다. 내 나이가 벌써 어머니 돌아가실 때 나이를 넘어서고 있고 나는 그동안 어머니와 한 약속을 지키지 못했다. 바쁘단 핑계로 어머니 친구분들을 술상으로 모시지도 못했고, 그분들마저 이제 세상을 떠나셨으니, 술상 모실 기회마저 없어졌다. 겨울만 되면 어머니의 부탁이자, 말씀이자 명령이 생각난다.

"어매, 내가 어매 친구분들에게 결국 술상 한번 차리지 못했소. 지지리도 못난 놈이라고 야단이라도 치소. 어매 어쩔 수 없잖소. 대신 지키지 못할 약속 또 한번 할게요. 비록 내가 나를 낳아준 어매에게 약속한 것을 지키지 못하여, 나에게 젖을 나누어진 어매 친구분들에게 술상 한번 올리지 못했으나, 당신의 넷째이자 둘째 석일이는 말입니다. 어매 친구분들이 저에게 젖을 나누어 준 것과 어매가 그 친구분들에게 술자리 한번 만들려 하는 것과 그분들에게 감사해라 하는 어매의 심정을 저의 의식과 영혼에 심어 이 세상에 모든 어매를 나의 어매로 만들고자 합니다. 이 땅에는 아직 평균 수명이 50에 미치지 못하는 이들이 5억 명이 있고, 환갑에 못 미치는 생명들이 10억 명이 있다 하지요. 그분들을 나의 어매로 하지요. 그리고 어매 마지막처럼 새털처럼 가볍고, 함박눈처럼 가벼운 이 세상의 어매들을 안기도 하고, 업기도 하겠습니다. 어매가 나를 안고 업으면서 말을 가르치시고, 어매 친구분들이 저를 품고 저에게 젖을 나누어 준 것처럼 안고, 안기고, 업고, 업히는 그런 발걸음 하겠습니다."

3. 내동 양반 · 내동 댁

내동 양반 · 내동댁

김순철 (인문학 18기)

봄 하늘 바라보니

꽃구름 몽실몽실 햇빛이 보일 듯 말 듯

갓 시집온 새색시 내동댁 못된 서방

주색잡기 버릇에 동네방네 얼굴 둘 곳 없어

치맛자락 얼굴을 묻고 밤하늘 바라보며

시집 잘못 온 죄 이제 와서 누굴 믿고 한 많은 내 팔자야

시어머니 시집살이 없어 그나마 다행이네

봄 가고 미운서방 어서 죽어라 신령님께 빌어보세

시나위 22.07.05 17:25
이거지요. 이런 게 순철샘 글이지요 ^ ^

김순철 22.07.05 08:07
감사합니다. 숙제 답변 주시는 숙제도 쉽지만은 않으실 겁니다. ㅎㅎ 고생이 많으십니다.

인문학 22.07.07 01:34
순철쌤 머릿속엔 글이 댓고리병으로 들어있나요!!
글이 술술술~ 술술술~ 찰랑찰랑....
내 머릿속엔 글이 두잔 뿐,, 찔끔찔끔..
애껴 먹고~ 빌어먹고~ 훔쳐먹고~
나두 알콜 홀릭.. 아니, 글 홀릭이 되고 싶어^^

김순철 22.07.06 23:41
학교에선 머리가 먹통이 되죠. ㅎㅎ 방구석에서 막걸리 한잔하면 그나마 잔머리가 돌아갑니다. 음유로 윤동주문학관 무효인가요? 크흐

이승복 22.07.07 08:25
무엇인지 냄새난다. 순철쌤 전생에 시어머니 같아요.

김순철 22.07.07 08:29
맞아요. ㅎㅎ 아주 못된 시어머니였어요. ㅋㅋㅋ 정말 못됐죠? 꼰~대 ㅎㅎ ㅎㅎ 좋아 ??

나의 행복

곽영기 (인문학 16기)

흙으로 바람벽 한 호롱불 밑에 한 초가집에서 나는 태어났다. 태어날 때부터 워낙 약한 체질로 태어났기 때문에 초등학교 내내 학교 친구들로부터 놀림을 받곤 했었다. 초등학교를 졸업하고 바로 봉제공장으로 취업을 해서 일을 했었는데, 그 시절에는 기숙사 한 방에서 5~6명씩 자곤 했었는데, 낮엔 일을 하고 밤엔 잠을 안 자고 화투판이 벌어지다 보니까 잠을 못 자고 싸움판이 벌어지기 일쑤였다. 그러다 보니 적응을 못 하고 몇 달을 못 채우고 공장을 옮기기 일쑤였다. 그러다가 부산으로 내려가 배를 타기 시작했는데, 배를 타다 보니 잠을 못 자고 하다 보니 몸은 점점 망가지고 너무 힘든 생활을 하다가 다시 서울로 올라와 건설 일용직을 하다 보니 행복은 꿈도 못 꾸고 세월만 흘러가는데, 아이엠에프(IMF)가 터지면서 건설현장 일이 뚝 끊기고 나니 나도 생각지도 못한 서울역에서의 노숙 생활을 하게 되었다.

2년 정도 노숙 생활을 하고 있는데, 쪽방 상담소 직원이 일을 권유해서 그때부터 자활을 하면서 나의 노숙 생활이 멈추면서 행복이 오는 듯했다.

그러다가 다시 또 노숙 생활을 하려는 찰나에 다시서기에서 자활을 하면서 인문학에 지원하게 되었고 그로 인해 현재는 인문학을 통해 나의 성격과 나의 행복을 찾아가는 중이라고 할 수 있다. 앞으로 남은 인문학을 통해 나의 행복을 찾아가려고 최대한 노력 중이다. 앞으로 최선을 다해서 남은 인문학을 마치고 나의 행복과 나의 일을 찾도록 노력 중이다.

김용극 20.08.02 01:32
곽영기 선생님께 / 선생님의 글을 옮긴 자원활동가 김용극입니다. 선생님의 글을 읽으면서 순탄치 못한 삶과 그 속에서 어쩔 줄 몰라 하시는 선생님의 모습이 눈앞에 아른거렸습니다. 이 인문학 과정을 통해서 지난 삶에서 경험할 수 없었던 깨달음과 진정한 '행복'의 의미를 찾아가고 사유하시면서, 진정한 즐거움과 새로운 삶을 찾아나가시는 선생님 되실 수 있도록 기원하겠습니다.

시나위 20.08.02 06:57
일 학기 내내 보았던 영기샘의 손 글씨는 '삐딱 흘림체'였는데
백일장 원고지 손 글씨는 '또박 바로체' 네요 ^^

"흙으로 바람벽 호롱불 ....."
첫 문장부터 바람에 꺼질 듯 떨리는 봉은 샘 목소리
세상에! 이렇게 감수성이 풍부한 형님이었다니!
사람이 풍경보다 아름다운 순간이었어요.
영기샘 & 봉은샘
고마워요 ^^

형님 20.08.03 13:58
곽영기 선생님 글을 읽으면서 바로 전달하지 못하고 눈물 징징 울어대어 죄송합니다. 곽 선생님이 살아온 길 우리네들과 살아온 길이 특별히 다르지 않았습니다. 지금은 인문학을 통해 새로운 행복을 찾아가는 곽 선생님과 모든 분에게 희망의 박수를 보내고 싶습니다.

어느 장애인 아저씨

공◯동 (인문학 16기)

  언제였는지도 모르겠고 어디인지도 기억이 나질 않는다. 여기저기 전국을 떠돌던 나는 어딘가 작은 도시에 머물렀고 하룻밤을 지새우기 위해 어느 허름한 찜질방에 들어갔다. 카운터를 보고 있는 분은 약간의 지적 장애가 있는 듯했고, 이분이 무슨 말을 하는지 하나도 알아들을 수 없었다. 속으로 이렇게 의사소통이 안 되는데 어떻게 업무가 가능한지 의아했는데, 결국 걱정하던 일이 터졌다. 이 지적장애 아저씨 혼자만 남은 찜질방에 손님들이 들어와 뭔가 말을 거는데 "아니 왜 이런 사람이 카운터를 보고 있는 거야?" 손님의 투덜거림이었다. 누가 들어도 도저히 알아들을 수 없는 말을 하는 그 장애인 아저씨는 열심히 뭔가를 설명하고, 이를 하나도 이해할 수 없는 손님은 어이없어했다. 난 속으로 이 상황을 어떻게 판단해야 할지 난감했다. 장애인 아저씨는 아저씨대로 안쓰러웠고, 손님은 손님대로 그 답답함이 이해가 됐다. 여기서 문제라면 아무리 장사를 건성으로 해도 그렇지, 말도 안 통하는 장애인을 혼자 둔 찜질방 사장의 잘못일 것이다.

  뭔가 알 수 없는 무거운 마음을 안고 잠을 청하려고 하는데, 손님과의 실갱이를 끝낸 그 장애인 아저씨가 취침실로 들어와서 자리에 눕는다. "이 아저씨는 설마 집도 없어서 여기서 기거하는 건가?" 그러거나 말거나 잠이나 자려고 했지만, 잠이 오지 않아 눈만 말똥말똥 뜨고 있었는데, 갑자기 이 아저씨가 자신에게 오라고 손짓한다. 왜 부르는 건지 호기심이 생겨서 아저씨 쪽으로 갔는데, 갑자기 내 손을 잡더니 자기 뺨에 대고 만족스러운 듯한 표정을 짓고 누워있는 게 아닌가. 처음에는 이 상황이 뭔지 이해가 안 됐다. 왜 내 손을 자기 뺨에 갖다 대고, 또 그걸 좋아하는 거지?

얼마 지나지 않아 곧 깨달았다. "아. 이 아저씨는 사람의 온기가 그리웠구나. 애정결핍 때문에 생전 처음 보는 나에게 이런 부탁을 한 거구나. 도대체 그동안 살아오면서 얼마나 외로웠던 것일까?" 생각이 여기에 미치자, 이 아저씨에 대한 측은함보다는 인간이란 동물은 결코 홀로 충만할 수 없는 이토록 의존적이고 나약한 존재인가 하는 생각에 절망감이 몰려왔다. 사람은 단 한 시간의 수다를 떨기 위해 천리길을 걸어간다는 말이 있다. 사람은 세상 속에서 사람들과 함께해야만 행복해질 수 있다고 한다. 이 불쌍한 아저씨를 보고 있자니 과연 인간에겐 인간이 절실히 필요한 거 같았다.

그렇다면 의문이 생긴다. 사람은 오직 다른 사람들과의 애정 어린 관계를 통해서만이 구원을 얻는 것이 맞는다면, 도무지 사람들에게 환영받을 구석이라곤 전혀 없는 이 장애인 아저씨에게 구원은 어디에 있는 것일까?

나의 아버지

임남희 (인문학 18기)

조금씩 멀리 떠나가고 있는 나의 아버지
둥근 머리, 하얀 털, 푹 꺼진 눈 해골 같은데
나를 보는 눈빛은 여전히 지옥 같은 나의 아버지

그 빛이 곧 꺼질 거라 용서하고 용서하지만
제발 어떤 은혜가 그 눈을 구원해 줄까

부디 그의 눈빛이 따뜻해지기를
부디 그의 마지막이 고통 받지 않기를

나의 아버지시여!
그 영혼을 불쌍히 여기시고
평안한 영면을 허락하소서!

* 시와는 상관없는 제 넋두리랍니다.

제가 살면서 저의 시험이자 벽은 육신의 아버지였습니다.

이기적이고 한없이 나약한 분이었습니다.

자기만 세상에서 제일 불쌍해서 가장 가까운 처자식을 할퀴며 분풀이를 했습니다. 어쩌다 좋은 일이 생기면 바로 아버지가 제 마음에 마귀를 불러왔습니다. 그래서 정말 미워했습니다. 동시에 사랑받기를 바랬습니다.

이제 사실 날의 끝이 보이는 지금, 내 아버지를 있는 그대로 바라보려고 노력합니다. 아버지가 아닌 그냥 한 사람으로 보니까 그렇게까지 미워할 것도 특별히 기대할 것도 아닌데 왜 그렇게 저 자신까지 괴롭히며 그 긴 시간을 보냈나 싶습니다. 제 인격이 미성숙한 것이 원인이지만, 아마 그 분에게 의지하고 사랑해서 그랬을 겁니다.

추위 속에 삶을 정리하는 풀벌레같이 희미한 소리만 간신히 내시는 지금,

내 아버지도 저처럼 간절히 사랑받기를, 행복하기를 일평생 바라셨겠죠.

그래서 아무것도 내려놓지 못해 여전히 눈빛이 지옥인 것이 아닌가 하는 생각이 듭니다.

하늘이 새파랗고 몹시 추웠던 어느 아침,

제 영의 아버지가 제게 해주셨던 말을 그에게도 해주시길 기도합니다.

"애야, 나는 네가 태어나기 전부터 너를 사랑했단다!"

사람은 줄 수 없는 완전한 사랑을 하나님 아버지께서 그에게도 허락하여 주시길 기도합니다.

미안하고 미안해서 미안하다

김순석 (인문학 18기)

1995년 초여름 여수 여천공단에 건물 보수 작업 하러 갔을 때였다.

"김형. 오늘 바로 올라갈 거야?"

오전 작업 끝내고 여수의 식당에서 비빔밥을 야무지게 비비고 있는데 동료 이형이 맥락 없이 묻는다. 여수에 내려와 쉬는 날 없이 일주일이나 계속 일했으니 놀다 가자는 말이다. 사실 음식 맛있고 해변의 경치도 죽이고 모처럼 지방에 내려와 일만 하다 올라가기는 좀 서운하기는 하다. 그렇지만 속마음은 숨기고 의뭉스럽게 되묻는다.

"왜?"

"아이참, 모처럼 좋은 데 왔는데 그냥 가긴 섭하지."

그러자 듣고 있던 반장이 웃으며 말한다.

"자, 자, 다들 고생해 준 덕에 일도 잘 끝났고 성과도 있었으니 회식비 두둑이 받아 줄 테니 하루 놀다 올라가자고."

그렇게 하루 놀기로 했는데 놀다 보니 이틀이나 놀게 됐다. 사실 예정보다 늦게 되면 집에 전화를 해 줘야 했는데 요즘 아내와 약간의 냉전 중인 터라 그냥 놀았던 거였다. 집에 와보니 사람은 없고 냉장고에 메모지만 하나 붙어있었다. 장인이 돌아가셨다고 한다. 날짜를 보니 그냥 일 끝나고 올라왔으면 임종을 볼 수 있었을 것 같다. 자책을 해보지만 이제 와서 후회해 보아야 이미 늦은 일이다. 급히 병원에 달려가 그저 일이 바빴다고 거짓말을 할 수밖에 없었다. 너무 울어 눈이 붓고 수척해진 아내에게 미안하다고만 빌었다.

그저 미안하고 미안해서 미안하다.

미안하다

최○식 (인문학 18기)

난 참 무책임한 인간이었다.

벌써 20년 전 일이구나. 아버지가 하던 사업이 망하고 우리 네 식구 살던 집마저 팔고 거리에 나앉게 되었을 때 난 너희들을 버리고 혼자 떠났다.

사실 그땐 집도 안식처가 아니었다. 빚쟁이들을 집에까지 끌어들일 수 없어 집에도 못 가고 사무실 한구석에 칸막이를 치고 기거하면서 술에 의지해 잠자리에 들 때면 마치 관속으로 들어가 영원히 못 나올 것 같은 두려움에 다시 일어나 술집으로 달려가곤 했다. 집이 팔리고 대충 빚 정리를 한 다음 난 너희들을 버리고 혼자 떠났다.

처음엔 괴로웠지만 너희들 생각이 잊힐 때쯤엔 혈혈단신으로 떠돌아다닌다는 게 이렇게 홀가분하구나! 자유마저 느꼈다. 그때 가족이란 게 큰 짐 덩어리라는 걸 알았다. 나 같은 인간에겐 말이다.

너희들도 알다시피 아버지는 너희들 할아버지 할머니와 평생 불화했다. 이제 와 고백하자면 그게 아버지의 평생에 걸친 트라우마였다. 제 부모를 버린 자는 세상의 도덕 따윈 안중에 없는 법이다. 아버지는 겉보기엔 멀쩡한 사람 같아 보여도 일반인이 가지고 있는 도덕 기준엔 한참 못 미치는 도덕관을 가지고 세상을 살아왔다. 마음 밑바닥에는 언제나 부모를 죽인 패륜아라는 스스로 찍은 낙인을 안고서. 그래서 쉽게 너희들을 버리고 떠날 수 있었을 것이다.

너희 할아버지 할머니가 세상을 떠난 한참 후까지도 아버지는 그들을 용서할 수 없었다. 그러다가 내가 인생의 나락에 떨어져 길바닥에서 먹고 자면서, 부모를 죽인 업보로 이 지경까지 왔나 생각을 곱씹다가 문득 한 생각에 미쳤다. 그들도 나와 똑같은 인간이었다는 생각이 들었다. 부모로서의 그들은 용서할 수 없었지만, 인간으로서 그들은 이해할 수 있을 것 같았다. 그때 난 처음으로 그들을 생각하며, 또 평생 그들에 대한 증오심을 품고 살아온 내가 불쌍해서 울었다.

너희들에게 아버지를 용서해달라는 말은 못 하겠다. 다만 아버지를 이해해 줄 날이 왔으면 좋겠다.

너희들을 좀 더 훌륭하게 키우지 못해 미안하다.

김순철 22.04.30 10:29
한 편의 드라마 같습니다. 선생님도 마음고생 많으셨습니다. 자녀분들도 용서했으면 합니다. 힘내세요!

소중한시간 22.04.30 17:27
혹시 실수할까 조심스럽습니다만, 저와 저희 아버지를 되돌아보면서 아버지를 나와 같은 한 사람으로 보고 이해하게 되었습니다. 지금도 가족을 아버지 자신만 섬기는 존재로 취급하셔서 불쑥불쑥 상처가 올라오지만, 이제는 미워하지 않아요. 하물며 선생님은 후회하고 미안한 마음까지 가지셨잖아요. 감히 추측건대 어른이 된 자녀분들도 저와 같지 않을까 싶습니다^^

시나위 22.04.30 17:35
언젠간 자녀분이 이 글 읽을 수 있기를 바래봅니다.
글 길 위에 희미한 아버지 발자국에 자신의 발을 포개며
아버지! 지나온 글길 돌아볼 날을 기다려봅니다.

인문학 22.04.30 19:34
'어머니'란 이름에 한참 업신여겨진
그 이름 '아버지'....
저도 아버지에게 연락해 보렵니다.

차가운 낙타 22.04.30 21:11
울컥...
글썽글썽...

김순철 22.05.02 08:17
꿈결 같은 세상

형님 22.05.02 14:01
아버지 생각이 납니다.
어린 자식들 두고 홀로 서울로 와서 생활하였지만
생활은 그대로였고 남아있는 엄마와 우리 형제도 나아지지 않는 삶
지금은 계시지 않지만, 나를 낳아주신 부모님 감사합니다.

주태민 22.05.03 17:39
선생님의 이 마음, 이 글이 꼭 선생님의 자녀분들께 가 닿길 바라요.

이승복 322.05.04 17:22
강물이 흐르듯 언젠가 핏줄은 통할 것입니다.

자랑스런 열 손가락

오○호 (인문학 17기)

이북 황해도 해주 옹진군 아버지의 고향이다
제련기술자셨던 우리의 영웅은 해방과 동시
일본 이주 권유를 뿌리치고 고향에 남으셨다
6·25가 나고 1·4 후퇴 당시 영웅은 남한으로 피란 와
늘 그리워하던 고향산천 한번 가보지 못하시고 가셨다

내가 태어나기 전부터 아버지는 건축 일을 하셨다
어릴 적 영웅의 모습은 늘 흙이 묻어 있고 먼지가 날리고
손은 하얀 반창고로 감싸여져 있었다
새벽이면 늘 일하시는 분들이 출근을 하고
어머니는 직원들의 아침 준비를 하셨다

퇴근 후 피곤한 듯 늘 박카스를 드시곤 했다
옆에 혀를 낼름거리는 모습을 본 영웅은
조금 남은 피로 회복제를 나에게 주곤 했다

새 주민등록증을 만들기 위해 경찰서를 방문한 영웅은
오늘도 역시나 그냥 돌아오셨다
지문이 남아 있지 않기 때문이다
터진 손 굳은살이 모양을 만들 수가 없었다

설날 전까지 일하시고 정작 세배를 받고
즐거워하셔야 할 아침 영웅은 쓰러졌다
병원으로 모셔진 영웅의 수술
그의 몸속에는 석회가 돌로 뭉쳐진
탁구공 반만 한 무수한 것들이 나왔다

다시는 영웅을 볼 수 없었다
몸에서 나온 석회 덩어리들은 인내를 겪은
영웅의 사리였을 것이다
아버지 열 손가락 지문이 없어도
당신은 진정한 나의 영웅이다

스르륵

스르륵
콩닥콩닥 심장 소리
스르륵 잠들지 못하는 밤들
누군가 스르륵 문을 열고 들어와
머리칼을 쓸어주었으면

리얼리스트 20.12.30 13:35
잠들지 못하는 밤은 올해까지. 2021년은 스르륵 잠들기를 바래요~

지후 20.12.30 15:47
네~~^^

시나위 20.12.30 14:09
'스르륵,' '심장소리'
ㅅ(s) 두운의 리듬이 '성'지후에서 나와
두 ㅅ(ㅆ) '쓸어주었으면'으로
누군가의 손가락이 '성'지후에게로 들어가는, 부사
스르륵 ^^

지후 20.12.30 15:46
역시 교수님의 해석은 남다르십니다~^^

형님 20.12.30 15:09
성지후 선생님 성프란시스대학 16기 자원활동가로 수고하셨다고
모든 분이 쓰다듬어 주고 계시네요.
성프란시스대학 17기와도 함께 하시길 바라면서.

지후 20.12.30 15:45
한결같이 성실하셨던 선생님께서도 수고 많으셨습니다.
17기도 함께 갑니다. ㅎㅎㅎ

장신 20.12.30 17:49
지후 선생님두 저처럼 예민하신가요? 깊이 생각하지 마시고 숙면을 취하세요. 그럼 한결 잠이 잘 올 거예요. 그동안 감사했어요.

지후 21.01.01 15:09
네~예민한 거 같아요. 좋은 방법 감사합니다. 그렇게 해보겠습니다~^^

집돌이 21.01.01 16:25
스트레스. 불안감 때문에 잠을 이루지 못한다고 합니다. 마음 편안하게 하시고 잠자기 전에
우유 한잔하시고 잠을 청해 보세요

부산사나 21.01.01 20:37
지후 선생님의 시를 읽으니 아이유- 무릎 노래가 떠오르네요^^ (아이유 팬으로서..)

바다 21.01.03 16:04
오우 듣고 보니, 곡의 분위기하고도 비슷한 것 같네요..ㅋㅋ
지후쌤도 한 학기 수업 수고 많으셨습니다~
열심히 수업 함께 해주셔서 저도 옆에서 많이 배웠어요. 감사합니다^^

불과 물의 칭찬

김○기 (인문학 17기)

불, 그대는 작은 불씨 하나로
아궁이에 불을 피우고
밥과 국을 끓이고 구들을 데워
방안의 온기를 주며
등잔의 불로 어머니가 바느질하고
옆에 아들이 글을 읽는다
그 얼마나 정겨운가

물, 그대도 높은 곳에서 아래로 흘러
웅덩이도 채우고 바다로 흐른다
대접에 담으나 바다에 담으나
항상 수평의 균형을 유지하지 않는가

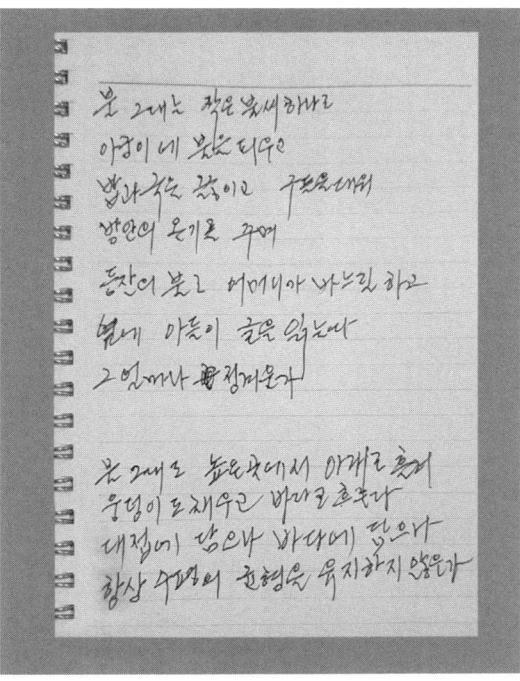

형님 21.05.21 13:42
물과 불은 우리 인간들에게 참 고마운 존재이네요.
물 한 방울이 모이고 모여 우리에게 식수를 제공하고
불씨 하나가 불을 피우고 우리들을 따뜻하게 해 주니까요.

이렇게 고마운 물과 불을 우리는 아끼고 고마워해야 겠습니다.

시나위 21.05.22 12:08
수평의 균형이라니!
크~~물의 철학이네요.
수평선의 평등.

베드로 21.06.08 04:07
연천 신망리 최전방.
외가 아궁이 속 탁,탁이는 장작개비,
타오는 불꽃을 바라보며 느꼈던 억누를수 없는 감정의 열기를 떠올리기에 충분한,
향수 가득한 선생님글은
나의 마음에 추억이 담긴 '정'이란 감정의 불쏘시개인것 같아 넘 좋네요..
편안한 엣세이가 지금의 추세인것 처럼.
빠르게 마음에 와 닿는, 짧고 간결한,세밀한 표현이 좋아 적어 봅니다..

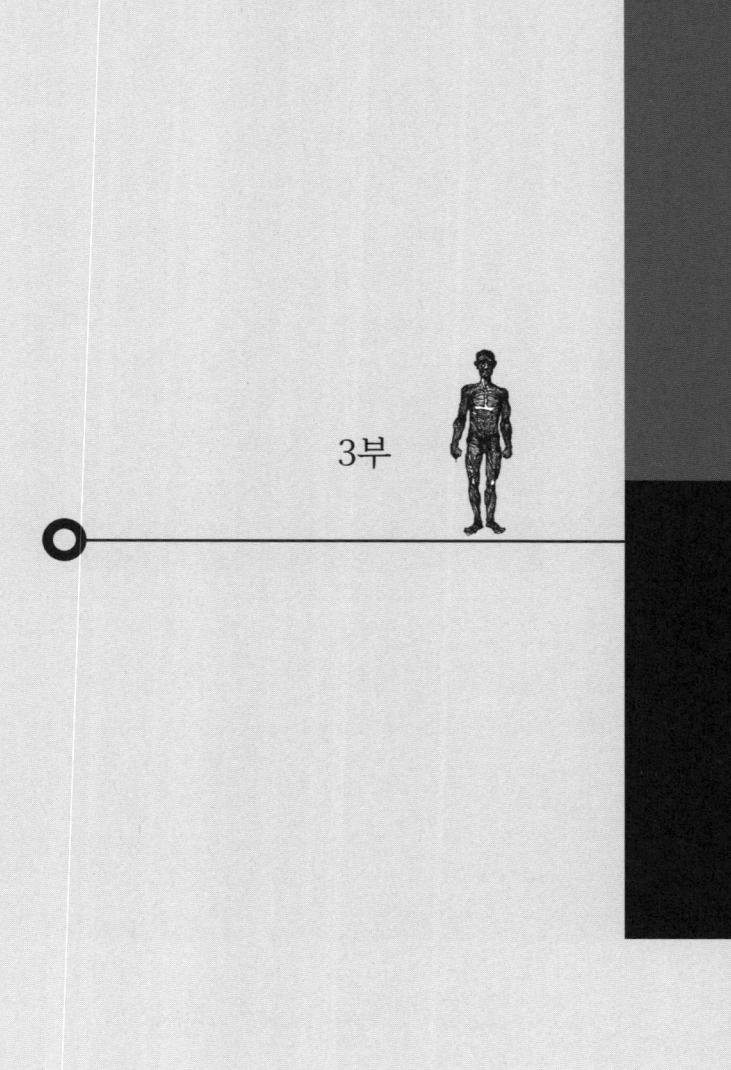

3부

청소의 힘

청소의 힘

1. 봄·여름·가을·겨울

선바위

손○식 (인문학 16기)

무시무시한 바위산
전설의 고향 남태령고개를 지나 선바위
구미호에 홀려 나는 오늘도 감옥에 간다

미친 불나방처럼 족쇄에 매여서
오늘도 나는 죄수가 된다

미친 광란의 질주가 있는 곳
어마어마 무지막지한 간수가 있는 곳
렛츠 런 감옥으로

무소불위 철창 권세를 가진
머니(돈) 시추를 위하여

문자 한 통

김봉은 (인문학 17기)

2004년 가을, 문자 한 통을 받았다.
'김봉은, 성공회대학 사회학과 합격' 순간 눈앞이 흐려졌다.

경쟁률도 만만치 않았고, 검정고시 성적은 평균 90점도 되지 않아 힘들 거라 생각했다. 초등학교만 졸업하고 40대 후반에 검정고시로 중, 고등학교 과정을 마치고 대학 문을 두드렸다. 학력에 대한 콤플렉스 때문은 아니었다. 사회생활을 하다 보니 나 스스로 부족한 점이 너무 많다는 것을 절실히 느꼈기 때문이다. 그런 절실한 마음이 통한 것일까. 지금도 합격통지 문자를 받은 순간을 생각하면 가슴이 벅차오른다.

하지만 그 벅참은 지속되지 않았다. 난 빈털터리였다. 당장 입학금, 등록금이 나올 쥐구멍은 어디에도 없었다. 막막함에 며칠 동안 술만 마셨다. 그러다 어느 날 '이대로 희망을 날려 보낼 순 없지.' 정신 차리고 핸드폰 주소록을 뒤졌다. 염치 불고하고 내 살아온 삶을 알 만한 사람 모두에게 전화를 했다. 덕분에 4년 후 난 눈물겨운 대학 졸업장을 품에 안을 수 있었다.

그렇다. 나는 혼자가 아니었다. 나를 다시 일어서게 했던 희망들에게 '문자 한 통' 보내야겠다.

봄·여름·가을·겨울

최○식 (인문학 18기)

사계절을 인생에 비유해도 어색하지 않을 나이가 되었다. <가을의 전설>이라는 영화가 있는데 직역하면 '몰락의 전설 (Legend of the Fall)' 이라고 한다. 내 인생도 이제 몰락의 끝에 와 있는 듯하다.

봄에는 언제나 미열이 일었다. 꽃가루가 날리면 눈가가 짓무르고 벌겋게 부어오르고, 기관지염이 도져서 밤새 기침을 했다. 밤새 뒤척이며 기침을 하면 아내가 빈정거렸다.

"당신 생일이 다가와서 그래. 당신 태어난 거 안 좋아하잖아." 음력으로만 생일을 기억하고 있는 나는 생일을 양력으로 환산해 본 적이 없다. 아내가 아침에 미역국을 올리며 "오늘 당신 생일이야." 하면 그날이 내 생일인 줄 알았다. 봄은 미열과 기침으로 기억한다.

여름엔 나를 잊기 위한 듯 몸을 혹사시켰다. 머리에서 김이 무럭무럭 날 정도로 태권도를 하고, 합기도를 하고, 검도를 했다. 운동이 끝나면 밤새 친구들과 거리를 쏘다녔다. 그 짓도 고등학교 졸업하고 친구들이 군대로, 공장으로 하나둘 떠나면서 나도 집을 떠났다.

봄에는 농약 공장으로, 여름엔 벽돌 공장으로, 가을엔 김 양식장으로 돌아다녔다. 커다란 배낭을 메고 한여름 뙤약볕 밑을 돌아다니다 나무 그늘에 기대 소주를 들이키고 그 자리에 널브러져 잠이 들면, 지난봄의 미열과 잔기침과 밤의 불면이 치유되는 것 같았다.

그렇게 돌아다니다 어느 날 새벽 찬 이슬에 눈을 뜨며 가을을 맞았다. 이제 나는 꿈도 무엇도 다 잃어버리고 쭉정이만 남은 듯한 내 삶을 돌아본다. 허망한 마음으로 가을볕에 앉아 책을 읽기 시작했다. 책 속 글들이 의미를 드러낼 때, 간혹 내 삶 속에서도 알곡으로 쓸 만한 게 있다는 걸 발견하곤 했다. 이 가을 내내 난 내 알곡들을 주워 모을 작정이다. 그리고 다가오는 겨울을 대비해 갈무리를 해놓고 다시 새봄을 기다려 볼 작정이다.

시나위 22.07.05 06:45
한 자도 첨삭할 게 없어 그대로 올립니다.

최○식 22.07.06 17:53

부끄럽습니다. 잡글을 손수 올려주시니 송구스럽네요.

김순철 22.07.06 23:04
노장분들 한방이라니까요 ㅎㅎ

인문학 22.07.07 11:26
가끔씩 카운터 펀치를 날리시네요~
내 머릿속은 그로기 상태...??

옛이야기 22.07.10 10:57
최 선생님 글에는 항상 깊은 울림이 있습니다. 삶에 대한 성찰의 깊이에서 오는 울림이. 귀한 금빛 알곡 많이 추수하셔서 수확의 보람을 주위 사람들과 함께 나누는 기쁜 날을 기대하겠습니다♡

매운 신라면 국물의 화재

박진순 (인문학 18기)

속이 탄다

시커멓게 타들어 가는 이내 가슴에 고로코롬 시뻘건 매운 국물을 드링킹

허니,

속이 견디어내것냐

불나제

불이 날껴 활활

뜨겁고, 맵고, 쓰릴껴

어떡허것냐

도태되면, 낙오되는 거시 고것이 인생 아니것냐

그래도 워쩔꺼시여

꼴찌여도 엉금엉금 기어서라도 결승선 테이프는 끊어야 안 쓰것능가

꼬래비도 조응께 결승 테프만 끊자 친구

한잔 껶고, 깊은 잠

우리 (마중물)

유상욱 (인문학 16기)

메마른 세상에 버려진
이름 없는 풀씨 하나
들판은 슬며시 품에 안아주고
바람은 구름을 향해 소리치고
비는 오가며 목마름을 적셔주고
하늘은 태양을 향해 소곤소곤
우리라는 세상에 피어난 꽃의 물결

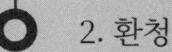

2. 환청

환청

이○은 (인문학 16기)

그물을 인양하는 동안
수면보다 낮아지는 기울어짐
바다에 잠겨
잡을 곳 찾아 허우적
꿀꺽꿀꺽
익사자 비명처럼 부글거리는 이명
마침내 살아남아 인양을 끝내면
이물에 몰려 앉아 견디는 극명한 생과 사의 시간
하늘과 바다로 이분되지 않은 사냥의 밤
폭우와 풍랑은 으르렁거리며
사냥감을 공포로 얼어붙게 하는 맹수가 되고
항해등은 피 흘리며 파랗게 질린 어둠 속 초식동물이 된다

두드려 대는 폭우에 탐지당하며
대양을 돌아 이물에 내려진 어류와 동등해지면
난, 어느 식탁에 올려질까?
수면 부족으로 정신은 몽롱해진다
놀이동산 롤러코스터처럼
최고점에 이르렀다 마침내
포식자 아가리로 곤두박질치고

다시 밀어 올려지면

비행을 꿈꾸는 애처로운 90톤짜리 배

바다에 사는 폭우는

해파리에 쏘여 퉁퉁 부어오른 몸에

멍 자국을 남긴다

글에 설명을 다는 것 같아 주저하며 씁니다. 읽고 나서 잊어주세요. 군대를 전역하고 (호기심에) 경험 삼아! 6개월 동안 쌍끌이 저인망 어선을 탔을 때가 생각나서 써봤습니다. 하루에 2, 3시간을 쪼개 자며 고위험에 노출된 채 살아야 합니다. 관짝 같은 벽장에서 한 시간가량 자고 있으면 따르르릉! 소화전 벨이 깨우고 좀비들은 일어나 일합니다. 집에 돌아와서도 한 달가량 잠잘 때마다 환청이 들리더군요. 깜짝 놀라 하우적거렸습니다. 넷고! 하면 그물이 바다에 낼름낼름 무섭게 풀려나가는데 실수로 밟고 있으면 황천길 급행열차 VIP 탑승객 됩니다. 인양 후, 그물이 손상돼 있으면 잠잘 시간 따위 새우깡 마냥 갈매기가 물어갑니다. 풍랑이 격해질 때 파도 높이를 예로 들자면 1층에 서 있다가 순식간에 7층 집 창문 엿보고 따귀 맞는 수준입니다. 그리고 짧지만, 배가 퐁당! 날치 돼서 날아다닙니다.

남산에서

김성배 (인문학 15기)

오랜 세월을 잘도 속였지
속으로 속으로만 쑤셔 넣어, 흘러 흘러
움푹 패인 상처투성이
꾸부정한 능선을 휘감아 타고 돌아
앞이 어디고 뒤가 어딘지 겨우겨우
울음을 멈추었네

누가 훔쳐볼세라
공룡알 같은 아픔을
새알만 한 가슴 속에다 묻고, 또 그렇게 덩그러니
홀로 선 채로
못내 노을을 품는구나

속삭이고 있지만
허공에 사라지고
소리치고 있지만 메아리로 돌아와서
그때서야 알아버렸네

그럴 수 없다는 것을
금방 울어 버릴 것을

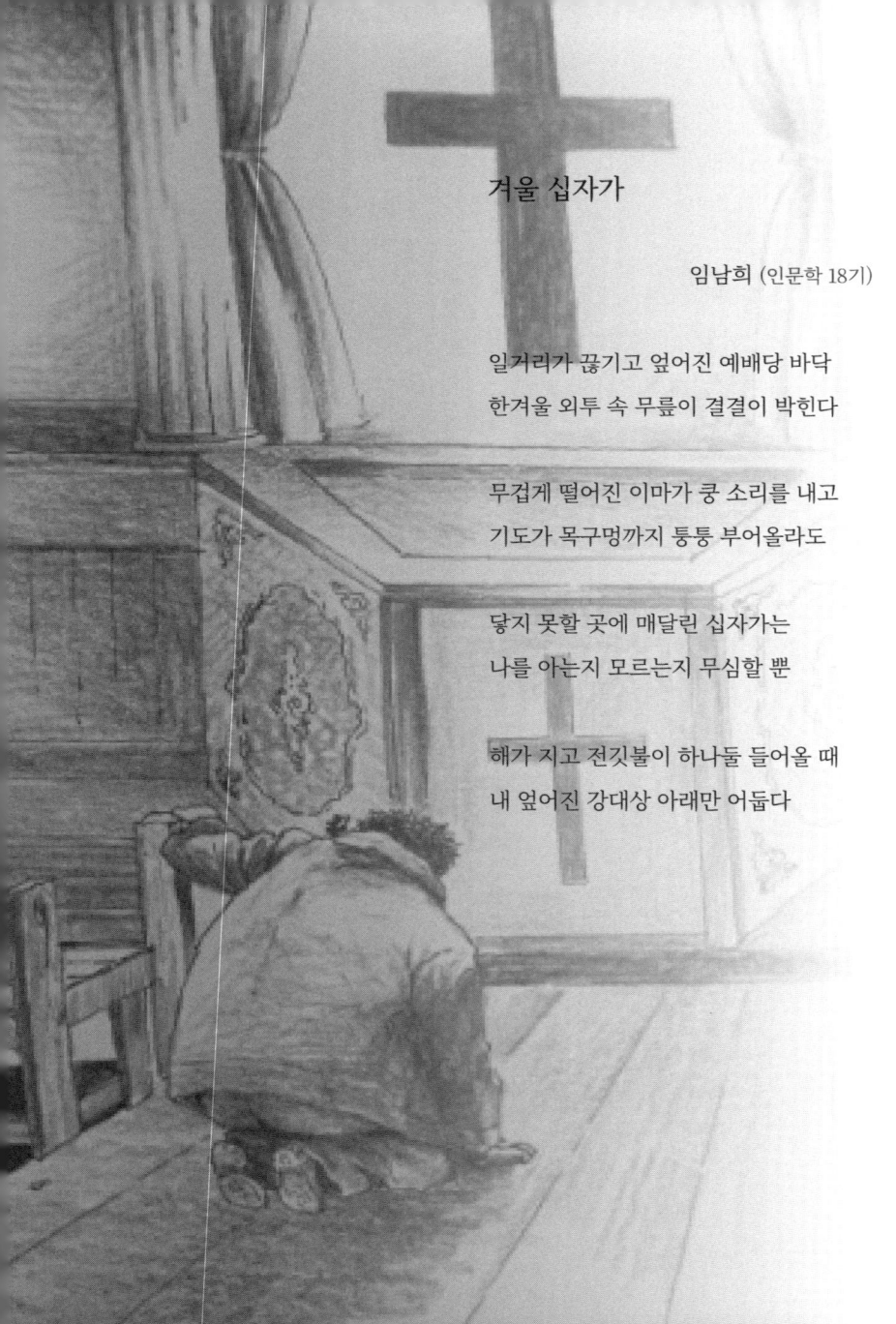

겨울 십자가

임남희 (인문학 18기)

일거리가 끊기고 엎어진 예배당 바닥
한겨울 외투 속 무릎이 결결이 박힌다

무겁게 떨어진 이마가 쿵 소리를 내고
기도가 목구멍까지 퉁퉁 부어올라도

닿지 못할 곳에 매달린 십자가는
나를 아는지 모르는지 무심할 뿐

해가 지고 전깃불이 하나둘 들어올 때
내 엎어진 강대상 아래만 어둡다

시나위 22.07.08 14:10
"무릎이 결결이 박힌다",
"기도가 목구멍까지 퉁퉁 부어올라도",
"내 엎어진 강대상 아래만 어둡다"
시구들이 빚어낸 이미지들이 '겨울 십자가' 제목과 전선을 형성해
내 가슴에 얼음 한 덩이 박아 넣었습니다.

김순철 22.07.08 14:28
18기 홍일점 답변도 또렷또렷 바보온달 배우기 크나큰 도움 됩니다. ㅎㅎ 크흐 ??

인문학 22.07.09 12:08
윤명상 '믿음이 고독을 만나면..' 중에서~

믿음과 만난 고독은
그 자체가 기도이고
영혼 깊은 곳으로부터의
하나님에 대한 갈망이며
주님을 찾아가는 통로인 까닭입니다.

남희쌤, 강대상 밑이 항상 밝길 기도할게요….

김용극 22.07.08 21:59
남희샘의 시를 보고 오랜만에 윤동주 시인의 '십자가'라는 시를 보았네요. 윤동주 시인은 십자가라는 시에서 "어두워 가는 하늘 밑"이라는 표현을 통해서 암울한 일제강점기 시절을 표현하였죠. 선생님의 "강대상 아래만 어둡다"라는 표현이 윤동주 시인의 어두워 가는 하늘 밑이라는 표현과 오마주되는 듯하여, 닥쳐오는 현실에 대해 선생님의 심정이 절실히 담겨있는 듯 느꼈네요. 그럼에도 불구하고, 스스로 살아가시고자 하는 삶의 의지를 현재 상황 속에서 더 큰 삶의 구원으로 이끌어가시길 바랍니다. 역설적 삶을 통해 세계와 인류를 빛의 길로 이끌었던 예수 그리스도처럼요 :)

최○식 22.07.09 09:44
가슴에 와닿습니다.

이승복123 22.07.09 10:54
다는 모르지만
한겨울
강가 칼날 같은 바람
발등을 할퀴고
고독보다 무서운 삶

옛이야기 22.07.10 11:59
남희쌤 강대상 아래도 환한 빛이 비치길 기도합니다.

돌하나 22.07.21 09:28
저는 사마리아 사람입니다. 종교의 본질은 사랑과 소망과 믿음이라 하죠. 그 중 제일이 사랑이라 하죠. 종교가 초심을 잃으면 믿음 소망 사랑으로 바뀌어 그 중 제일이 믿음이 되죠. 삶에서 내 노동이 무너져서 무릎이 땅으로 내려가고 머리가 땅에 예배할 때, 사랑이 아니라 믿음을 요구할 때 내 마음이 바닥에 내려가죠. 내가 그리고 너와 우리를 사랑하고 소망하고 믿을 때 거꾸로 된 세상을 바로 잡는 사랑이라 생각합니다. 저는 사마리아 사람이지만 사랑의 소중함은 알기에 자신에 대해 사랑하고, 그리고 그 여력으로 이웃에, 사랑을 일상화하여 강대상 아래에 빛을 만들어 주시기를 바랍니다. 본래 예수님은 강대상 아래에 빛을 주기 위해 오신 분으로 알고 있습니다. 임남희샘이 흐트러짐 없이 인문학 수업에 참여하심은 바로 그런 강대상 아래에 빛의 모음의 활동으로 이해하겠습니다.

계단이 흐른다

한상규 (인문학 19기)

계단이 흐른다.
붉은색 같기도 주홍빛 같기도 한 촘촘히 쌓아놓은 계단이 파란 도화지에 흐르고 있다.

어느 날 비 온 뒤 더 파래진 숲 사이로 더 파란 하늘을 보았다. 그 숲을 하나씩 하나씩 스쳐 지나가는 나무의 향기와 들꽃의 산들거림을 보며 인사를 하다가 올라가는 길은 층계도 없는데 고즈넉하기만 하다. 올라가는 길은 점점 힘들어지고 땀은 방울방울 세수라도 한 듯 맺혀지는데 계단은 보일 생각도 하지 않는다. 꾸역꾸역 올라가는 길 중간 흐른 냇물에 발 담그고 파랬던 숲도 살짝 어둑해지는 터널을 지나오는 바람에 땀 식히며 올라간다.

어둑해지는 터널이 점점 빛으로 밝아지고 터널을 지나오는 바람보다 더 세찬 바람이 불어올 때쯤 머리를 다 밀어버린 옆 방 아저씨 같은 꼭대기가 그 빛을 반짝일 때 올라오는 내내 투덜거리던 그 계단이 하늘 위로 올라가 있었다. 파랗다 못해 시퍼런 깊은 바다 같은 하늘에 촘촘히 쌓아 올렸던 그 계단이 올라오던 노고를 칭찬이라도 해주듯 바람 같은 선물과 함께 내려가는 길은 편하라는 듯 흐르고 있다.
그렇게 계단이 흐르고 있었다.
나도 흐르고 있다.

나는 외친다

김순철 (인문학 18기)

내가 살아 있을 수 있다면
관짝 만한 쪽방이라도 괜찮소
무료급식 대열에 서 있어도
더이상 부끄럽지 않으오
왜냐하면 이 세상은
너희들만의 것이 아니기 때문이다
저마다에 생각과 추구함도 다르기에
혹여 왜사느냐 물으신다면
혹시나 하고 삽니다
너무 잘하려 하다 일만 망칠 뿐이다
잘하려면 수많은 경험과 실패가 필요하다

쇠똥구리의 출근길

이○은 (인문학 16기)

메마른 어둠

푸석 일어나 기다리는

창밖, 젖은 빛

희망과 절망의 시간

혼란스러운 꿈속 조각들

끌어내어 나서는 거리

시지푸스 계단 올라

서울역 가로지른 적도

목마름 깎는 고행길

털지 못한 미련 덩어리

쇠똥구리처럼 그저 묵묵하게

삐걱거리는 바랜 목각인형처럼

몇 그루 자작나무

질서와 혼돈의 나선계단

마침내, 외로운 섬

시나위 20.12.29 20:43
제목이 참 신선해 눈이 맑아지는 기분입니다.
쇠똥구리에서 시지푸스 계단으로 이어지는 시상 전개가 참 좋습니다.

바다 20.12.29 21:25
'마침내, 외로운 섬..'
와우.. 어찌 이렇게 마무리지으실 생각을 하셨는지요~~
나지막하게 쓸쓸한 절규가 들리는 것 같기도 하고..
초연할 수 없었던 것에도 초연해지는 법을 터득해가는 사람의 글 같기도 하고..
감상을 적고 싶은데, 표현이 안 따라주는 저를 용서하세요~~ㅜㅜ
이번 학기에도 넘 수고하셨습니다.^^

형님 20.12.30 10:25
현재 선생님의 마음을 쇠똥구리에 비교하셨군요.
지금의 마음처럼 앞으로도 천천히 건강 챙기면서 걸어가시길 바랍니다.
성프란시스대학 졸업 미리 축하드립니다.

리얼리스트 20.12.30 13:32
서울역 고가공원을 상징하는 은유법인가요? 마지막 일터는 외로운 섬이라는 게 슬퍼요ㅠㅠ

성지후 20.12.30 15:49
'마침내 외로운 섬'..에서 잠시 명했습니다. 더 이상 할 말이 없네요.. 최고~~

거울

배○환 (인문학 16기)

방문 틈새로 쏟아지는 빛
거울에 비치는
수염이 까칠까칠한 내 얼굴
문득 거울 비친 내 모습에 그 사람이 보인다

거울에 비친 내 모습에

씻고 또 씻어보아도
거울을 보고 또 보아도
그 사람이 보인다
살아서, 다시는 볼 수 없을 거라 생각했는데

어둑어둑한 밤
하늘을 쳐다보니, 달님에게도, 별님에게도
그 사람이 보인다
다시는 볼 수 없을 거라 생각했는데

3. 저녁 눈

눈

새벽에 눈을 떴을 때
세상의 소리가 잠들어 있고
고요한 어둠이 집 안을 누를 때
문득 창문을 열게 된다

창밖에 눈이 소복이 쌓여있고
달빛이 눈에 반사되어 반짝이고
새하얀 눈엔 이미 누군가가
발자국을 내었다

그래!
집 밖은 위험해
다시 이불 속으로 들어간다

悲歌

悲歌 내리네
悲歌 흐르네
창문을 타닥타닥
가슴을 토닥토닥
이리 뒹굴 저리 뒹굴
누굴 또로롱 떠올려볼까
어떤 글을 좌라락 써볼까

젖은 빨래는 쉽사리 마르지 않고
말라버린 감성은 쉽사리 젖지 않네
궂은悲歌 내리네
바람悲歌 흐르네
나는 슬퍼, 나는 멜랑꼴리해
비에게 투정부려 보지만
날 못 본 척하라고 제발 담대하라고
넌 슬퍼할 자격이 없다며 꾸지람하네
그리운 이, 사랑하는 이에게
같은 마음 갖게 해달라 소원하지만
모두 벗어던질 용기가 없음을 들켰기에
사랑, 그놈은 항상 등을 돌리네
悲歌 내리네
가슴을 투닥투닥
그렇게 아픈 비가 내리네

시나위 22.07.31 17:54
"아 찬란한 저 태양이 숨겨 어두운 뒤에~~" 나는 어떤 가객의 비가에 쓸쓸해졌는데 명희샘은 자신의 가슴을 때리는 비가에 아파하는군요. 제가 졌습니다. 오늘은 숨질 태양도 뜨질 않았으니.

김순철 22.07.31 18:04
나에겐 넘 어려운 이야기들. 이거지요, 지식인과 비 지식인 대화 추상화는 생각대로 그리면 되지만 문자 대화는 당최 답이 없어요 ?? ㅋㅋㅋ

옛이야기 22.08.01 00:20
그러게요. 답 없는 문자 대화에 생각대로 그리는 그림으로 답을 주세요~~ ^^

옛이야기 22.08.01 22:03
悲歌
悲歌
悲歌
이리도 퍼부어
내 맘을 적시니
술 한 병 더 따야겠네
오늘 悲우는 술 배경음악은
悲와 당신

인문학 22.07.31 23:08
교수님, 과음은 '아닐 非 살찔 肥' 이십니다.??
그런 의미에서 저도 한병.. 건배!!

옛이야기 22.07.31 23:12
이미 취했으니
悲런들 어떠하리

肥런들 어떠하리
나도 건배~~~!!!

김영채 22.08.02 17:52
젖은 빨래는 안 마르고,
말라버린 감성은 젖지 않고,
날 못 본 척해달라니 꾸지람하고,
사랑하는 이 같은 마음 갖게 해달라니 등을 돌려 버리고,

선생님 시를 너무 잘 쓰는 것 같아요!
완전 감동했습니다!!◎

비는 선생님 마음을 모르지만,
저는 선생님 마음을 알아볼 수 있도록 옆에 있어줄게요! ㅎㅎ

인문학 22.08.02 18:08
영채 선생님, 칭찬 감사합니다.
8월9일에 '루카'로 뵙겠습니다~??
'혐오와 차별없는 세상을 위해.....'

청소의 힘

한명희 (인문학 18기)

비가 새서 얼룩진 천정을 무심히 바라보다가
한때 '히키코모리'였던 마쓰다 미쓰히로의
'청소력'이란 책이 불현듯 떠올라 벌떡 일어났다
그리고 좀비처럼 휘적휘적 움직이기 시작한다
작은 옷장 위에 뒤죽박죽 쌓여있던 잡동사니들을
제자리 찾아주고, 아무렇게 널려있던 봄옷을 정리하고
여름옷을 꺼내 옷걸이에 예쁘게 걸어본다
며칠은 처박혀있던 그릇들을 뽀드득뽀드득 설거지해
가지런히 뒤집어 놓고, 비어 있던 양념통들은 가득 채워
색별로 줄을 세운다. 동묘에 갈 때마다 한두 개씩 사 온
잘 뿌리지도 않는 향수도 모두 열어 향기를 기억한 뒤
일일이 닦아보고 옆에는 그 향들을 시샘하는 문제의
'알로카시아!' 음.... 한 줄 남은 옷자란 줄기를 과감하게 싹둑 자르고
말라 비틀어져서 나만 쳐다보는 세 잎도 곱게 벗겨본다
아픈 만큼 풍성해지길 기대하며
'추위 탐'을 핑계로 겨우내 봄 내내 깔아두었던
때 묵은 전기장판, 물때 낀 가습기도 정리하고 선풍기도 꺼냈다
몇 안 되는 가구와 전자제품을 이리저리 헤집어놓고
(8백 원의 거금과 볼펜 몇 자루를 전리품으로 얻은 채)
방안 구석구석을 어깨 빠지도록 쓸고 닦고 또 닦았다

봄 이불과 묵은 빨래를 돌리고 목욕재계를 했다
때수건이 해지도록, 한점 더러움도 남기지 않겠다고
옥상에 올라 커피 한 모금 마시고
내 무기력함의 50%는 비워졌고
내가 가져야 할 용기의 50%는 채워졌다
여러분도 지금 당장 대청소 해보세요

28

故최인택 (인문학 16기)

40년 세월 담배연기에 시달리다 지쳐 떠나가고
오랜 스트레스에 지쳐서 포기하고 떠나가네
의지할 이웃 떠남에 동요가 점점 더 늘어나고
한꺼번에 우르르 떠나는 이 늘어간다
이 모두가 너희를 푸대접한 내 탓인 것을
즐거움은 사라지고 괴로움만 더해가니
자 가버려라 모두 떠나버려라
떠난 자리 너무나 어둡고 컴컴하지만
또다시 볕 들 날 돌아오겠지
새 보금자리 마련할 날 돌아오겠지
틀니로 환하게 웃는 날

부산사나 20.07.10 10:30
☺☺

형님 20.07.10 12:30
인택님 지금도 인택님 밝은 웃음 너무 좋습니다. 하지만 지금보다 더 환하게 웃는 날 선생님 마음까지 환해지겠지요. 그날을 기다려봅니다. 근데 시가 너무 좋습니다. 선생님의 상황이 그대로 전달되고요. 은유법도 좋습니다요.

시나위 20.07.10 13:02
오!
첫눈에 반해버린 제목 '28'
이빨

공감이란
읽는 이의 마음을 움직이는 것
유혹하는 것
빼앗는 것

3초!! 20.07.11 03:14
새 보금자리 마련하여
'28'청춘 맞이하세!
- 치아 진료 모임 홍보부

김연아 20.07.14 00:59
28 제목 정말 기발해요...! 속상해서 내뱉는 욕이라고 생각했고 이빨 개수라는 생각만 했는데 읽는 그대로 '이빨'이 되는군요. ㅎㅎ 역시 16기의 모범생 인택님 ??

바다 20.07.17 10:25
정말 정말 멋진 제목과 글입니다! ㅎㅎ

주님

배○환 (인문학 20기)

님을 만나기 위해서
오늘도 주님을 찾아요

오늘은 오실까요? 내일은 오실까요?
님과 함께한 뜨거운 사랑
경험해 보지 못한 행복
오늘은 할 수 있을까요?

오늘도 주님을 찾아요
내 님의 모습을 생각하며
난 백마를 타고 어둠 속을 헤쳐
님과 달려가고 있어요

이젠 주님을 찾지 않아요
붉은 아침이면 만나고 헤어짐이 덧없이
한낱 괴로움인 것을 알지만

당신을 만나기 위해
오늘밤 나는 또 주님 앞에
무릎 꿇을 거란 걸

시나위 20.11.06 10:57
저녁이면 주님 전 무릎 꿇고 당신을 만나러 가는 밤
눈 뜨면 허망한 아침 이슬 닭이 세 번 울기 전
모른다 모른다 모른다
다시 밤이 찾아오면 주님 전 무릎을 꺾게 하는....당신

부산사나 20.11.06 14:49
크~~ 감사합니다 교수님^^ 어찌 제 생각을 잘 아시는지...

바다 20.11.12 11:38
교수님이 시 속에 드러난 생각을 고대로 꿰뚫으셨나 보네요 ㅋㅋㅋ

저녁 눈

최○식 (인문학 18기)

저녁 무렵
문득
옛사랑 만난 듯 눈이 내린다
펄~ 펄~ 날리는 눈
가던 걸음 멈추고 멍히 바라본다
눈은 바람 따라 어지럽게 흩날린다
눈에 대한 나의 상념은 주제넘는 짓
눈을 추억하지 말라
차라리
연탄재 흩뿌려진 질척대는 골목길
그 길을 돌아나가던 옛사랑의 발뒤꿈치를 묵상하라
눈이 내린다
핸드폰을 꺼내 들고 멈칫대는
늙은 남자의 허연 머리 위로 눈발이 날린다
저녁 가로등 불빛 아래
눈발이 흩날린다

4. 짠하네

못과 망치

한명희 (인문학 18기)

두목 망치: 어쭈! 차렷! 허리 펴고 똑바로 못 서!!

          니놈이 어떠한 고문에도 버틴다지?

          대가리만 남기고 깊숙이 파묻어주마

배신자 못: 피도 눈물도 없는 백정 같은 놈

          조금만 기다려라! 반대파 장도리 형님께서

          날 구하러 와주실 테니!

차가운 낙타)22.04.05 10:11
전 늘 맞고 다니는 쪽..임^^:

이승복 22.04.05 12:56
머리 아파요

차가운 낙타 22.04.05 13:15
맷집..도 안 좋으면서, 늘 맞기만 합니다. ㅜㅜ
언젠가는 망치..처럼 속 시원하게 뚜드려 때려 박는 그런 날을 기다리며...ㅎ

남보라 22.04.05 15:55
오....! 강력해요. ㅎㅎ

김용극 22.04.10 10:19
ㅋㅋㅋ 재미있네요.

차가운 낙타 22.04.12 10:05
나두 큐피드의 화살을 맞고 잡땅
봐 줄 사람 어디 없나영 ㅎ

김순철 22.04.14 19:37
망치는 못에게 사과 했어요

망치와 못

최○식 (인문학 18기)

망치 : 넌 맨날 맞고만 사냐

못　: 넌 때리는 재미만 알았지 맞는 고통을 몰라서

　　　세상 반밖에 못 사는 거야

짠하네

故최인택 (인문학 16기)

툭, 은행 열매
바닥에 짓뭉개져
엉망이 된 너

시나위 20.11.06 13:02
와우!
5, 7, 5 완벽한 음수율의 하이쿠 시 형식.
17자에 志와 情을 온전히 담다니!
쉬 가시지 않는 여운은 또 어떤가!
놀랍다는 말밖에....

김연아 20.11.06 22:39
우와우...! 인택님....!!!!! 진짜 대박이에요!!!! 저도 따로 적어서 개인적으로 소장하겠습니다! 그래도 되나
요? ??

리얼리스트 20.11.11 14:58
우와~ 시인으로 등단하시는 건가요??

바다 20.12.26 19:59
ㅎㅎ 볼 때 마다 참 멋진 시입니다..

시계

조재광 (인문학 17기)

시계가 있습니다
시간이 맞지 않는 오래된 것이지만
태어나 지금까지 간직한 귀중한 것

시계가 있습니다
이 세상 가득 찬 이별이 오더라도
부모님 형제들만 알아볼 수 있도록
어머님 나의 왼손에 점 하나 박아놓으셨다

낙서장

오○호 (인문학 17기)

내 몸 어딘가에 낙서하는 못된 버릇이 있다

술 한잔하고 화병이 나면 그림을 그린다

뾰족한 것으로 아픔을 그린다

분노의 폭발인 것이다

잉크가 여러 색이 나와야 하는데 빨간색만 나온다

흔적 남은 흉상들

고흐나 고갱이 그린 아름다운 그림이어야

하는데

부모님이 주신 이 몸 낙서는 이제 그만

시나위 21.12.15 17:38
오~~
고흐 자화상을
시로 옮긴 듯한 . . .
놀라워라

133

바늘

김순석 (인문학 18기)

가끔 그런 날이 있다
뭔가 허공에 붕 떠 있는 것 같고, 집중할 수 없는 그런 날
변명 같지만 그날 내가 그랬다

문득 왼손을 들었을 때 가운뎃손가락 끝에서
피가 흐르는 것을 보고
그제야 아픔을 느끼고 '억' 비명을 질렀다
기계가 멈추고 동료들이 달려와 병원에 데려갔다

도착한 후에야 상처를 제대로 보았다
손가락 끝마디가 약간 잘려나갔다
마취를 하고 꿰매는데 쳐다볼 수 없었다
분명 마취를 했는데, 바늘로 찌르고 실이 지나가는 것이
생생하게 느껴진다

병원에서 나와 숙소로 가는 길에, 주위에 여고생들이
많이 지나간다. 하교시간인가 보다
학생들의 웃음소리가 바늘처럼 날카롭게 귀에 꽂힌다
같은 또래인데 다른 세상 사람들 같다
눈물이 날 거 같아 고개를 들어본다
뜨거운 햇빛이 바늘이 되어 눈과 얼굴을 따갑게 찌른다

숙소에 돌아오니 이불이 바닥에 깔려 있다

출근 시간에 쫓겨 그대로 나갔나 보다

오늘 중에 가장 잘한 일 같다

이불 위에 누워 티비를 켰다

웃음소리부터 들린다. 코메디 프로인가 보다

코메디언이 떠들고, 방청객이 웃는다

저게 웃긴가? 왜 난 웃기지 않지?

갑자기 눈앞이 흐려진다

손등으로 눈을 훔치고 이불 속으로 기어들어 간다

얇은 이불이 바늘이 되어 온몸을 찌른다

김순철 22.04.14 22:38
김순석 선생님 저도 아무도 찾아오지 않는 병실에 쓸쓸함을 맞보아 웃음을 잃어버렸습니다.
저도 코메디 프로는 안봅니다 ㅎㅎ ❤

시나위 22.04.14 09:51
읽는 내내 제 눈, 손가락, 그리고 가슴이 바늘에 찔리는 듯했습니다. 힘들겠지만 사고 순간을 조금 더 자
세하게 묘사한다면 독자가 더욱 몰입할 수 있을 것 같습니다.

차가운 낙타 22.04.14 20:19
감정이 점점 메말라가는 세상인 것 같습니다.~ 먼저 저부터라도 옛날만큼 웃음이 사라진 것 같아요.~ 왜
이렇게 됐는지? (억지웃음)으로, 그간 넘겨 갔던 것 같아요. ㅠㅠ 정말 호탕한 웃음, 통쾌한 웃음, 박장대
소 뒤비지는 그런 시원하게 웃고 싶습니다. ㅎㅎㅎㅎㅎ

남보라 22.04.15 00:27 글을 읽는데 심장이 먹먹해지네요 … 공유 주셔서 감사해요, 선생님!

인문학 22.04.15 09:09 제 심장 끝마디가 잘려나간 기분이네요~ 그래도....그래도.. 웃고 사세요~

형님 22.04.15 10:08
저도 컨베이어 벨트에 팔이 끼여 살점이 떨어져 나가 병원 신세 진 적이 있습니다. 지금은 제 삶의 기억이
라고 생각하고 있습니다. ㅎ

벌꿀 c 22.04.15 15:10 김순석 선생님 왜 제 심장이 답답할까요? 얼마나 아팠을까?

주태민 22.04.18 00:14 "얇은 이불이 바늘이 되어 온몸을 찌른다"
선생님 저는 이 문장이 두고두고 기억에 남을 것 같아요. 글을 관통하고 독자를 감탄하게 하는 문장입니다.
선생님이 느끼셨던 아픔을 직격탄으로 맞게 하네요. 온몸이 저릿저릿해요. 좋은 글 잘 읽었습니다, 선생님.

이승복 22.04.18 17:29 기억 저편 아픈 기억 잊으시고 구름 위에 누워 솜이불 덮고 소망하시는 일 이루시길...

최○식 22.04.21 07:49 순석님 글 이제야 읽었습니다. 죄송합니다. 순석씨, 그 나이에 난 뭐했나 생각해
봅니다. 늙으면서 죄만 짓고 살았다는 생각이 많이 듭니다.

컵과 민들레와 대화

스티그마: 컵아 무엇을 담고 싶으냐?

컵: 나는 너의 필요를 다시 담고 싶구나. 지난해 유난히
춥게 느껴졌던 11월 12월 너에겐 내가 중요한 필요였는데, 지금은 너무
쉽고, 흔하게 구할 수 있게 되어 나와의 소중한 관계를 잊어버린 것 같
구나.

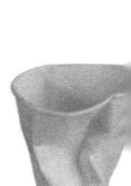

스티그마: (낮게 이야기한다) 미안타. 불과 몇 달 전만 해도 편의점에서
70원 하는 너 하나를 살 돈이 없어 남이 쓰고 버린 너를 쓰레기통에서
주어서 씻어 쓰고, 찌그러질까 애지중지하며 조심스레 가방에 넣어두
고 쓰고 쓰고 또 감사하며 쓰고, 헤질 때까지 썼는데. 너의 고마움, 소중
함 잊지 않고 간직하마.

* * *

SAINT JS: 컵아 컵아 언제 태어났니? 요즘 환경문제로 이슈에 올라
힘겨웠지?

컵: 살다 살다 나랑 대화하는 건 너뿐이야. 고마워, 다들 따뜻한 손, 입술
을 줬어. 그래서 늘 외롭진 않아. 근데 늘 버림받아 안타까워. 생일은 잘
몰라. 비슷한 사촌들은 많은 거 같아. 소주잔 500cc잔 텀블러 등등 찾으
면 많을 거야. 언제 시간 되면 다른 친구들 소개해 줄게.

처용: 민들레야 로또 번호 알려주라.

민들레: 378 9826 48 X X X

* * *

박영X: 안녕 넌 누구니 난 박영X이라고 해

민들레: 난 민들레라고 해

박영X: 지나가다 널 봤어 혼자서 외롭지

민들레: 너무 외롭지 밤이라 너무 추워

박영X: 추워 보여 내일은 덥다니깐 쫌 참아

민들레: 난 지금 배고파 비도 안 오고 힘들어

혼자라서 더 외로워 내일도 들릴 거지

박영X: 그럼

민들레: 나랑 대화해줘서 고마워

박영X: 민들레야 너무 고맙고 힘들지만 잘살아보자

민들레: 화이팅! 우리 힘들지만 잘살아보자 그럼 다음에 또 보자

빙~ 빙 돌아가는 파리 끈끈이

임선영 (인문학 17기)

어느 여름 생선가게 이름 모를 생선들이 누워있네

그 위에 빙~ 빙~ 돌아가는 파리 끈끈이

파리들은 저 빙~ 빙~ 돌아가는 파리 끈끈이를 피해

저 누워있는 생선들에게 가려고 하네

파리들 중에는 빙~ 빙~ 돌아가는 파리 끈끈이를 피해서

저 누워있는 생선들 위에 도착하는 파리가 있고,

파리 끈끈이를 피하지 못해 운명하는 파리가 있네

너와 나 마치 저 파리들과 같구나

누군간 이 세상 빙~ 빙~ 돌아가는 터널을 지나

파리들이 원하는 생선이란 그곳에 가듯이

그들이 원하는 그곳으로 가고

누군가는 빙~ 빙~ 돌아가는 터널에 부딪혀서

울부짖다 결국 운명하는 저 파리들과 같구나

4부

서울역 눈사람

서울역 눈사람

1. 숨소리

서울역 눈사람

한명희 (인문학 18기)

눈이 내리고
소복이 쌓이면 생겨나는
서울역 눈사람

스스로 만들어 놓고
덩그러니 놓아버린
눈으로 된 사람

아침이 오기만을
따뜻한 햇살이 비추기만을
밤새 기다리는
사람으로 된 눈

발도 있고 손도 있지만
어디로도 떠나지 못하는
외로움이 만든 사람

피부는 땅에 얼어붙어도
심장은 봄처럼 따스한
미소로 된 사람

눈이 그치고
곁을 내주면 사라지는
서울역 눈사람

숨소리

이○우 (인문학 16기)

오늘도 몸을 움직여 본다
한 발짝, 두 발짝 걸음을 움직인다
어느덧 걸음 멈춘 이곳

벌써 술에 의지해 잠든 이들
말을 걸어보지만 대답이 없다

벌써 잠이 든 걸까?
잔잔하게 들려오는 숨소리

휴~ 살아 있구나
떨리던 가슴을 부여잡고 다시 걸음을 재촉한다

시나위 20.11.05 13:24
<숨소리> 시에서
○우샘의 잔잔한 숨소리가 들리는 듯 해요.
감동입니다.

김용극 20.11.11 15:28
예전에 처음 심야아웃리치할 때 생각이 나네요 :)

바다 20.11.12 11:41
'휴, 살아 있구나. 떨리던 가슴 부여잡고 다시 걸음을 재촉한다'에서 꼭 상우쌤의 감정과 움직임이 하나의
영상처럼 보이는 것 같았어요. ㅎㅎ

서울역의 밤

글: 유상욱 (인문학 16기)
그림: 신웅 화백

차디찬 바닥 박스 위에 앉아 있다

사람들 무심하게 지나간다

누구지! 들여다보니 내가 앉아 있다

어둠이 내려앉은 밤에 내가 앉아 있다

두 사람이 다가와 손에 들었던 것을 내려놓고 간다

그것엔 관심이 없다

나에게 올 내일을 생각할 뿐이다

자정이 넘어 내일이 오자

그나마 조금 남아있던 정신이 달아나려고 한다

정신을 부여잡고 보니 도시락이다

손을 내밀어 속의 내용물을 아주 느리게

입으로 가져간다

밥

김성배 (인문학 15기)

오호!
목구녕이 포도청이라
한 끼 두 끼
세 끼를 처넣고
하루 이틀
사흘을 훌쩍 넘긴
찌개 냄비를 까스불에 올린다
반쯤 감긴 눈으로
끈적이는 장판 위에
이 빠진 상다리를 잡고
곪아버린 속을
선풍기 날개에 붙이면
숟가락 든 손이 "부르르" 무서워 떨고
주둥이로 오르는 시간이 한없이 길어

공동작업장 폐쇄

이○은 (인문학 16기)

몇 달 사이
얼굴은 까맣게 그을렸다

문화역서울 좌측 건물 앞
같은 자리에 누워
사람과 사람 사이

틈만을 본다

인파가 몰리는 주말이면
차라리 눈꺼풀을 내려
어둠 속을 부유한다

고시원 25만원
라면 서른 개를 사고
행복하게 웃음 짓던 그가
다시 거리에 누웠다

서울역 춘자

박석일 (인문학 17기)

이 글은 김태현 글, 신웅 그림의 <길리언 웹툰>에 등장하는 춘자라는 인물과 그 인물의 서울역 광장 생활을 내 시각으로 정리해 본 것이다. 관심 있는 분들은 만화를 통해 그 속살을 만날 수 있을 것이다.

제1화 호들갑 떨지 마쇼!

서울역 광장에서 롯데마트로 가는 계단에 한 여자가 앉아 있다. 두꺼운 옷을 입고 목도리를 한 것으로 보아 겨울인 것 같다. 등엔 백팩을 걸치고 왼손에는 큰 봉지를 들고, 헝클어진 머리에, 영락없이 서울역 노숙인이었다. 위태롭게 비틀거리며 계단을 내려온다.

"에고 취한다..."

낮술을 과하게 한 것일까.

"어데로 가부렀으까이..."

에고... 취한다.
근디 우리 태훈씨는...
어데로...
가부렀으까이...

계단을 내려오다가 헛디뎌 와당탕탕 계단 밑바닥으로 떨어진다.

"아구메메, 나 죽네... 어이쿠야...!"

코를 다쳤는지 얼굴에 피가 범벅이고, 이빨이 3개나 부러졌다. 주위 사람이 부축해 주자 팔이 부러졌는지 기겁을 하며 소리를 지른다.

"아아악! 아퍼... 아퍼..."

평소 알고 지내던 주변 노숙인들이 몰려온다.

"춘자 누나..."

"어이 춘자, 괜찮은 겨?"

춘자의 반응이 좀 이상하다. 누구 눈치를 보는 듯 주변을 두리번거리며 중얼거린다.

"갠찮아. 헤헤 안 아퍼... 나 안 아픈디 헤헤..."

잠시 후 119구급차가 도착하고 춘자는 들것에 실려 간다. 춘자 눈엔 눈물이 글썽하다.

"나가 말이요. 희영 아부지... 미안혀요. 희영 아부지...."

중얼거리는 춘자를 싣고 구급차는 서울역을 떠난다. '희영 아버지... 누굴까? 춘자 가슴에 맺혀 있는 남편일까...?'

제2화 서울역 시계탑 아래

서울역 광장 시계탑 아래 춘자가 앉아 있다. 시계는 두 시를 가리킨다. 춘자가 팔에 기부스를 한 걸 보니 전번 계단 추락으로 팔이 부러진 모양이다. 그런데 혼자 중얼거리는 내용이 이상하다.

"내 애기... 헤헤... 내 애기... 근디 이빨이... 세 개 나갔는디, 두 개는 찾었는디, 한나가 어데로 가붓는지.... 삼켜붓으까? 통 보이덜 안 네. 헤헤헤, 내 애기..."

춘자는 배 안쪽에 넣어 두었던 풍선을 끄집어낸다. 그리고 하늘로 날려 보낸다. 계단 추락사고 때 도와주었던 사람이 묻는다.

"저기... 애기가 있어요?"

"응... 있어... 근디... 헤헤헤... 델꼬 가붓어..."

'애기가 보고 싶은 건가. 애기가... 헤어졌을까... 죽었을까...' 그는 잠시 생각에 잠긴다.

151

1970년 초 전라남도 여수시 삼산면 초도. 한쪽에서는 어부들이 부지런히 어구를 손질하고, 그 뒤켠에서는 아낙들이 장례 준비에 한창이다.

"용왕님도 참 매정허시제...."

"긍께 말이여. 저라고 어린 아그가 있는디... 어매 죽고 아배꺼정..."

아낙들 일하는 옆에서 여섯 여덟 살이나 되었을까? 춘자라는 꼬맹이 여자아이가 뛰어다니며 노래 부른다. "산토끼 토끼야~~"

아버지 장례 후 춘자는 고모 손에 잡혀 배를 타고 여수로 간다. 어린 춘자는 누런 술잔을 꼭 잡고 있다.

"고것이 뭣이냐?" 고모가 묻는다. "울 아부지 꺼."

시간이 지나 사춘기 소녀가 된 춘자는 여수 극동항 근처 고모가 하는 식당 일을 돕는다.

라디오에서 노래가 크게 울려퍼진다. "꽃집의 아가씨는 예뻐요~~ 그렇게 예쁠 수가 없어요~~"

열여섯 살 혹은 열여덟 살 춘자가 머리를 뒤로 묶고, 앞치마를 하고 손님 밥상을 차린

152

다.

"춘자야 니 참말로 부산 가야 쓰겄냐?" 고모가 묻는다.

"신발공장이 봉급을 많이 준다 안 그요. 나가 거그서 돈을 벌어와가꼬 꽃집 차릴라요. 꽃집의 아가씨는 예뻐요. 그렇게 예쁠 수가 없어요~~"

춘자는 라디오에서 흘러나오는 노래를 따라 부른다.

춘자는 전포동 신발공장에 취직했다. 그녀는 작업장 스피커에서 퍼져나오는 노래를 흥겹게 따라 부른다. "꽃집의 아가씨는 예뻐요~~ 그렇게 예쁠 수가 없어요~~"

그러나 춘자의 꿈은 쉽게 이루어질 것 같지 않았다. 밤낮없이 일했지만 임금은 턱 없이 낮았고, 어린 여공들은 중간관리자들의 성희롱과 성폭행에 시달려야만 했다. 춘자도 예외가 아니었다. 꽃다운 춘자의 여린 꿈은 작업반장의 성폭행에 속절없이 무너졌다.

이듬해 봄, 꺾인 꽃봉오리를 품에 안을 남자가 춘자 앞에 나타났다.

"춘자씨, 나가 춘자씨 눈에서 눈물 날 일은 없게 할 것이여."

"지는요 나쁜 년이어요. 성깔도 더럽고, 지는 더러운... 여잔디요..."

그는 글썽이는 춘자를 말없이 안아준다.

"규병씨... 나 같은 년을 좋아해 줘서 고맙구만요..."

둘은 정한수 한 잔 떠 놓고 결혼해 단칸방에서 신혼살림을 시작한다. 춘
자 남편 규병은 자동차 세차장에서 일했고, 둘 사이에 예쁜 아이 희영이
태어났다. 춘자의 꿈은 이루어지는 듯했다.

어느 날 규병은 동료로부터 전포동 신발공장 반장으로부터 춘자가 성
폭행당한 사실을 듣는다. 태풍 매미가 부산을 덮친 날, 전포동 신발공장
반장을 찾아간 규병은 팔뚝만 한 스패너로 보복 린치를 가하고 돌아오던
중, 태풍으로 자동차가 뒤집히면서 현장에서 즉사한다.

재산권도, 희영이 양육권도 빼앗긴 채...

시모: 저년이 남편을 잡아묵어부렀다아!

동서: 이 통장하며 모든 재산은 다 규병이 것이여!

또 다른 동서: (희영이를 춘자 손에서 떼어가면서) 넌 이제 우리집 사람이
아니여.

시집에서 쫓겨난 춘자는 '꽃집의 아가씨는 예뻐요' 노래가 흘러나오는 전파상 앞에서 두리번거린다.

전파상에서는 노래가 계속 흘러나오는데...

(꽃집의 아가씨는 예뻐요~~ 그렇게 예쁠 수가 없어요~~~)

밤 10시, 춘자는 부산 부전역으로 찾아왔다. 어디서 가져왔는지 종이 상자를 펼치고 잠자리에 든다.

"희영 아부지... 희영이가 어데로 가붓소...."

"희영아... 여게서 자자. 이불 깔고... 따땃할 거여."

"희영아...따시제? 아부지 오실 때꺼지 쪼까 자야 쓰것다..."

춘자 나이 20대 중후반, 그녀의 거리 생활이 시작됐다. 1980년대 중반이었다.

제4화 춘자의 길

　부전역에서 서울역으로 이어지는 춘자의 노숙은 컴컴하고 긴 동굴 같
았다. 어둡고 어두운 30여 년 거리 삶에서 시들어간 춘자. 동그랗던 눈은
풀어지고, 명랑하던 말은 더듬거리고, 꿈 많던 생활은 술에 찌들고, 앞만
보던 눈은 두리번두리번 눈치 보고, 곧은 허리는 주눅 들어 구부정하고,
그렇게 점점 노숙인이 되어갔다.

　2012년 어느 날, 춘자는 서울역 지하철 14번 출구 환풍기 위에 누워 있
다. 환풍기 높이는 대략 70~80cm, 양옆에는 은행나무가 환풍기를 호위
하듯 서 있다. 환풍기 위에 누운 춘자의 배가 복수가 찬 것마냥 불룩하게
솟아 있다. '꽃집의 아가씨는 예뻐요. 그렇게 예쁠 수가 없어요~~' 꽃집
아가씨 춘자는 꿈에서 깨어나기 싫은 듯 감은 눈을 영영 뜨지 않았다. 춘
자 나이 50대 중반이었다.

　동부시립병원 시체 안치실 춘자의 사망기록서에는 김매순이란 이름이
적혀있었다. 유일한 유품으로 그녀의 아버지 놋쇠 술잔이 나왔다. 시신은
화장되어 서울역 동료 노숙인들에 의해 그녀의 고향 앞바다에 뿌려졌다.

에필로그

오늘도 나는 바쁜 걸음으로 서울역을 향하다, 서울역 지하철 14번 출구 환풍구 앞에서 발걸음을 멈춘다. 누군가 누워있다. 환풍구 바람에 복더위를 식히려 올라갔을까. 가까이 가보니 허옇게 드러난 배꼽이 드르렁드르렁 올라갔다 내려오기를 반복한다. '휴~~살아있구나.'

서울역 지하철 2번 출구 벽에 춘자가 쪼그려 앉아 있다. 서울역 파출소 앞 지하보도에 춘자가 앉아 졸고 있다. 서울역 광장에서 14번 출구 50m 전 식당에서 춘자가 쫓겨난다. 서울역 13번 출구 따스한 채움터에서 춘자가 배를 채우고 나오고 있다. '꽃집의 아가씨는 예뻐요. 그렇게 예쁠 수가 없어요.' 내 그리운 춘자, 김매순. 잘가요. 안녕~~

* 이 글은 성프란시스대학 인문학 교육과정에서 숙제의 일환으로 저자와 화가의 허락 없이 인용 참고했음을 밝힙니다.

김담비 21.06.03 16:03
눈도 동그랗고 꿈 많고 쾌활하던 춘자와 서울역 계단에서 넘어져서 피 흘리는 춘자의 인생 사이를 묘사하는 석일 선생님의 글이 너무나 인상 깊습니다!

형님 21.06.04 11:02
서울역에 계시는 많은 분들이 하나하나 사연을 가지고 있겠지요. 그리고 서울역에서 돌아가신 많은 분 그분들을 생각하며 고인의 명복을 빕니다.

시나위 21.06.07 17:49
그냥 입이 떡 벌어졌답니다. 벌어진 입이 한동안 닫히지 않았답니다. "꽃집의 아가씨는 예뻐요~~" 귀에 엥엥~~잉잉

눈치보지 말구 마구마구

김순철 (인문학 18기)

글쓰기 하려는데
자꾸 글이 나를 쓰려한다
나에 부족함과
아팠던 기억들이
펜 안에서 흐느적거린다
지도 잘나지 못하면서
다른 이를 아프게 하고
무시하고 밀어 버렸던 일들이
주마등처럼
펜 끝에 스치어 간다
잘 쓰려 하니
기억나는 어릴 적부터 59살 이 나이까지 적으려니
동화 출판사 편집기가 필요한 듯
머리만 쥐어뜯는 글쓰기

크흐 ㅋㅋㅋ

죽기 전에 하고 싶은 것 세 가지

임○용 (인문학 20기)

우선 첫째로 그림을 그려보자.
밑그림은 배낭여행이다. 고비사막이 좋겠다.
어여쁜 처자와 동행하며, 둘이 가서, 셋이 오는 아름다운 그림을 그리고
싶다.

둘째로는 꽃을 선물해 보자. 장미꽃 한 송이를.
어린왕자 무덤을 찾아보고 싶다.
사하라 사막 속에서, 비행기가 떨어진 그곳으로, 낡은 우물로 목을 축이
고, 뱀과 여우와 어우러져 다 같이 양고기 파티를 하며 그를 기쁘게 해주
고 싶다.

마지막으로 별을 세어보자. 별이 잘 보이는 곳이 좋겠다.
칠레의 아타카마 사막, 별 하나 별 둘, 잠은 잘 오겠다.

2. 인문학이 싫다

성프란시스

정동주 (인문학 20기)

끝을 앎에도
나아갔던 건

끝에 다다를수록
더욱 거침없이 나아갔던 건

끝내 저버려
산산이 사그라질 것임에도

후회 없이 휘몰아치고픈
우리였기 때문이다.

첫경험

유상욱 (인문학 16기)

길을 걷다 마주친 다시서기 인문학

나에게 손 내주고 잡아준 아름다운 사람들

서투르고 겁도 나고 도망치는 상상 속에

쓰다쓰다 지우는 바보 같은 내 모습

부서진 채 갈팡질팡했지만

한사람 한글자 스며들더니

어느샌가 한 몸되어 움직이는 글

시와 나

시나위 20.12.29 20:45
"쓰다쓰다 지우는 바보 같은 내 모습"
시구에 한참 머물렀습니다.
고맙습니다^^

바다 21.01.03 15:55
ㅎㅎ 유상욱쌤, 여전히 1학기와 같은 파이팅 넘치는 문장을 남겨주셨군요.
잠시 잊고 살았던 '끝까지 가보련다'를, 마지막 백일장에서 다시 떠올리게 되네요.
저도 자주자주 되뇌어봐야겠어요. 감사합니다.^^

형님 20.12.30 10:30
지난 1년의 시간, 선생님은 마음이 아프고 육체가 아픈 시간들을 묵묵히 이겨내셨지요. "쓰다 지우는 바보 같은 내 모습", 선생님의 마음 헤아려 봅니다. 성프란시스대학 졸업 미리 축하드립니다.

마중물

故최인택 (인문학 16기)

메마른 나의 가슴에
시 한 방울
그림 한 방울
외로운 나의 가슴에
예수님의 사랑
부처님의 자비
갈팡질팡 나의 가슴에
테스형이 한마디
칸트형도 한마디
휑한 나의 가슴에
뭔가를 배웠냐고
네
뭔가를 채웠냐고
네
나의 가슴에

좌절, 인문학 그리고 꿈

이○은 (인문학 16기)

설 연휴 하루 전, 난파된 몸을 이끌고 다시서기센터에 찾아 들었다. 흘러간 시간을 되짚어 그리워하거나 후회하지 않는다. 파편으로 뗏목이라도 만들어 어떻게든 항해를 재개해야 했다. '자립 의지'를 방해하는 요소를 외면했으며 통증으로 괴로워도 주저앉아 하소연하지 않았다. 자기변호는 그저 변명이며 합리화를 위한 쓸모없는 과정. 일체의 모든 것은 깎고 버려야 하는 납덩이에 불과했다. 매섭도록 추운 새벽, 목적지 없이 센터를 나설 때마다 뭉텅이로 버렸다.

자활과 일자리를 거치며 의식주를 해결했지만, 삶의 방향을 고민해야 했다. 재화에 대한 욕심이나 예전 누렸던 모든 것이 사상누각처럼 생각되고 그 굴레에 다시 들어서고 싶지 않았다. 살아갈 방법을 다시 모색하고 이전의 내가 아닌 새로운 '나'를 정립하고 싶었다. 그즈음 여러 사람에게 인문학 이야기를 들었고 제의가 들어왔다.

예술, 철학, 한국사, 문학, 여러 선생님이 고통스러워하던 글쓰기. 고민과 맞물려 독서와 사유하는 시간을 점차 늘려갔다. 나를 들추고 마주했다. 마음에서 쏟아내는 이야기에 귀 기울이며 글을 쓰기 시작했다. 때와 장소를 가리지 않고 기록했다. '나'를 여과 없이 토해내는 과정. 타인을 보듯 냉정하게 뱉어놓고 보니 누구나 그렇듯 경제활동에 매몰되어 꿈 한 조각 남지 않은 메마른 존재. 균형을 잃고 쟁기를 끌던 마른 삶은 사고 한 번에 부러지고 남은 것은 사회적 허울, 각질 같은 껍데기뿐이었다. 무채색 삶을 끝내자. 힘들어도 꿈을 꾸는 인간이 되기로 했다.

제 버릇 누굴 주겠는가. 어느새 또 적립만 하는 은행 잔액. 포기했던 음악을 하기 위해 기타, 그리고 삶의 빛을 담을 카메라를 과감하게 샀다. 그림도 다시 그리기 시작했다. 시간은 어디로 이끌려 하는 걸까. 오래전 연락이 끊겼던, 좁은 연습실에서 부대낀 친구들과 하나둘 연결이 되었다. 어느덧 중년이 되어버린 녀석들. 굴곡진 삶 가운데도 음악을 놓지 않고 있었다. 재즈를 이야기하고 서로의 연주를 듣고 합을 맞추며 연습하고 돌아오던 날, 만감이 교차하는 눈물이 흘렀다. 왜 그토록 먼 길을 돌아야 했을까.

내게 교류는 또 다른 삶의 원동력이다. 그리고 카메라는 대상을 관찰하는 도구다. 야학의 어르신, 돌을 조각하는 석공, 불꽃을 튀기는 용접공 등 주위에 열심히 살아가는 사람을 카메라에 담고 사는 이야기를 들으며 같이 밥을 먹고 식구가 되어간다. 이전에 지위나 규모로도 가질 수 없었던 평온함, 그리고 감사한 날들. 추락사고는 지친 나를 멈추게 했고, 인문학은 지나온 고통에서 벗어나 새로운 길을 찾는 과정에 들어서는 계기가 되어 주었다.

여러모로 힘든 출발을 했던 16기. 코로나19라는 거친 해일을 맞아 침몰당할 수도 있다는 불안감을 지닌 채 너울을 힘겹게 넘어야 했다. 비쩍 마른 곽노현 학장님은 내게 이렇게 협박했었다. 무조건 10명 이상 졸업하게 하라고. 마명철 국장의 눈물겨운 헌신이 있었다. 어찌 되었든 식은땀 나는 여행이 끝나고 목적했던 항구에 정박했다. 짧게 느껴지는 항해. 고마움과 아쉬움을 뒤로하고 흩어질 때가 왔다. 벌써 그리워지는 내 책상. 이름이라도 새겨 놓을걸.

괜찮아

김순철 (인문학 18기)

나는 이 정도 써도 괜찮아
전번에 비하면 많이 배운 거야
앞으로도 노력을 열심히 해서
더욱 괜찮아질 거야

우리가 헤어진다 해도
늘 연락하고 가끔 만나서
산에도 가고 영화도 보며
가끔씩 만나도 괜찮아

별을 보며

박석일 (인문학 17기)

모두들 잠든 밤에
별들을 찾는다

바닥이 있을까 나의 움푹 파이고 무너져가는 흉터에
소주를 부으며 잃어버린 내 꿈을 그리다
지금은 잊어 버린 너를 찾는다
너는 지금 어디 있는지 너를 그린다
문둥이 손 같은 두 손으로 세상에 서는 내 모습을 그린다
길 잃은 사람은 외롭다 달 옆의 샛별을 그리다. 달 – 지구 – 금성

하나, 둘, 셋
성프란시스의 별들이 나타난다
하나, 둘, 셋 세고 또 세다 보면 별들이 우리에게 말을 건다

우리가 가는 길에서 너가 나에게 이야기한다 그래 함께 가 보자
다시 들판에 서서 아지랑이를 부벼대고
씨앗을 깨는 새싹 피어나라 얼어붙은 흙을 주물러 준다

그런 별들을 본다 내 가슴으로 담는다
내 꿈을, 우리들의 동행을, 다시 일어남을
별을 바라보면서

찬란한 기쁨

아픈 몸을 뒤척이다
젖 먹던 힘 다해
수상한 밥 한 숟가락 물에 말아
그릇 바닥에 말라붙은 김치와 먹는다

찬란한 외로움은 순간이지
그딴 것도 사치다
혼자 있을 때 아픈 것
손가락이 무거울 정도로 아플 때
쌀 봉지를 빤히 쳐다보고 있는 순간은
찬란한 고독의 순간

이것도 사치다
쌩쌩 부는 찬바람의 한파 속에 신문지 한 장
전날 마신 깡소주에
담배꽁초가 무거울 정도로 뒤틀린 탈진

물 한 모금이 간절히 필요한데
지하철 소방호스 꼭지까지
기어갈 최후의 힘도 다 소진되어

찢어지고 짓밟힌 병든 쥐새끼로 헐떡거리는 그때
눈치 빠른 노숙인이 종이컵에 물을 따라 왔을 때

그 거룩한 손 찬란하고 찬란한 신비의 종소리

그대들

배○환 (인문학 16기)

그대들은

하찮은 우리의 말벗이 되어 주었습니다.

그대들은

서로 살아온 방식들이 다르지만
가슴속에 맺힌 한이 커서
마음속 깊은 곳 굳게 닫혀있던
철옹성 문을 조금씩 열려고 노력해 주셨죠

그대들의

노력 덕분에 철문이 열리고 있다는 것을
우린 잘 알고 있습니다

그대들의

환한 미소로 인해 우린
그대들을 만나는 시간이 언제부터인가
기다려진답니다

그대들과

만나고 헤어진 후 어둡고 컴컴한 한밤중에도
그대들의 웃음소리가 들려
천사가 들려주는 축복의 나팔소리인 양
귀속에 맴돕니다
그 순간 우리가 느껴보지 못했던,
문자로만 알고 있던 행복의 의미를
조금씩 알아가고 있습니다

우린 모진 비바람에 힘겨워하는 갈대입니다
그대들이 우리에게 다가올 때
도망가려는 우리를 보고 실망도 하셨죠
우리도 모르게 툭 내뱉은 말 때문에
상처도 많이 받았을 겁니다

우린 마음이 너무 여려
미안합니다. 죄송합니다. 말을 잘 못합니다
하지만 집에 가서 후회를 한답니다
우리도 철옹성 문이 반쯤 열리면
그대들에게 받은 사랑
다른 분에게도 전하겠습니다

감사합니다

김용극 20.08.05 14:30
저희도 열심히 하겠습니다. 배 선생님 ^.^ 서로 파이팅해요~! ㅎㅎ

부산사나 20.08.06 08:57 네^^

시나위 20.08.07 06:35
부산사나님 글을 읽으니 이 시가 생각나네요.

갈대 / 신경림

언제부터 갈대는 속으로
조용히 울고 있었다.
그런 어느 밤이었을 것이다. 갈대는
그의 온몸이 흔들리고 있는 것을 알았다.

바람도 달빛도 아닌 것.
갈대는 저를 흔드는 것이 제 조용한 울음인 것을
까맣게 몰랐다.

-- 산다는 것은 속으로 이렇게
조용히 울고 있는 것이란 것을

그는 몰랐다.

형님 20.08.07 18:51
저에게도 사랑이 필요합니다. 저에게도 사랑을 주세요.

부산사나 20.08.07 20:41
네 듬뿍 드리겠습니다..^^

김연아 20.08.07 20:26
철옹성 철문이 그대를 지켜준 방패가 되지 않았을까요? 굳게 닫힌 문이 꼭 나쁜 것만은 아니란 생각도 들
어요. 억지로 가 아니라 진심으로 다가와 주신 그대의 마음 또한 감사드립니다. 그대는 감동입니다.

부산사나 20.08.07 20:42
^^

내 마음

이○열 (인문학 18기)

아픈 기억을 되새기고 싶진 않지만
인문학을 통해 새로운 희망을 얻고
앞으로 나아가야 할 길을 생각해 보게 되었다
어릴 적 후회스러운 말과 행동 그리고 반성 없는 삶
나의 삶은 여느 노숙인과 다름없는
슬픔과 좌절 아픔, 그리고 절망뿐이었으나
자활과 서울시 일자리를 하며 규칙과 사회적응을 시작했고
LH 입주하고 주거안정도 찾았다
하지만 마음의 빈곤은 채우기 힘들었고
다시 방황의 그림자가 나를 찾을 그 무렵
인문학, 인문학이란 거부하고 싶은 모임에 가입하게 되었고
차츰 변해가는 내 모습을 보게 되었다
한결 편한 마음을 가질 수 있었고,
세상을 보는 눈이 달라졌다
누군가를 사랑할 수 있을 거 같고
남의 아픔을 느낄 수도 있게 되었다
지금 삶이 끝나 다시 태어나거나,
과거 시간으로 돌아갈 수 있다면
열심히 살겠다는 흔한 말보다는
나를 사랑하는 삶을,
남을 사랑하는 삶을 살고 싶다
저를 사랑해 주신 분들 고맙습니다

혼자일 때 자유롭고 함께 할 때 조화로운

한명희 (인문학 18기)

누군가, 같이 걷자고 한다
당신과 함께 걷는 이 서울역 광장 길
내 옆구리를 톡톡 건드리는 늘어진 가방 줄
무거운 가방을 빠른 걸음으로 감추고
불편한 덜컹거림을 대화로 숨기신다
가방 안에 10%만 당신의 것,
나머지 90%는 우릴 위한 것이리라
뭐가 그렇게 급하다고 가방도 안 내려놓고
삼십 도 무더위에
담배 한 까치가 뭔 대수라고
내 호주머니의 가벼움은 어찌 아셨는지

그 가방 '제가 메겠다고..' 그 한마디 왜 못했는지
오늘은 수요일이고
당신과 눈 맞춤을 했고
난 소외되지 않았다

김순철 22.06.23 06:51
크흐 ?? 짧은 시간에도 불구하고 긍정적으로 생각하시고 즐거우셨다니 감사드립니다. 다음에 동묘 툭툭거리며 구경 한번 하시죠! ㅎㅎ

시나위 22.06.23 12:41
혼자일 때 자유롭고 (노자 도인) 함께 할 때 조화로운-(공자 군자)
어떤 길을 같이 걷자고 (이우보인, 맹자 인자)
이 짧은 글에 동양고전 성인의 지혜가 다 들어 있다니!

인문학 22.06.23 13:15
제목은 철학 수업내용 인용했습니다.
'소외'는 강의 주제였구요... 감사합니다~

인문학 22.06.23 13:33
무겁고 덜컹거리는 가방 메시고
담배 사주시겠다고 함께 걸은 그 조화로운 길...
안성찬 교수님, 감사합니다~

옛이야기 22.06.25 11:37
담배 사러 갈 때는 길동무가 되어주고
수업 시간엔 뜻을 나누는 동지가 되어주고
수업 후에는 작은 에피소드를 이렇듯 멋지게 엮어내
깊은 감동을 안겨주는 한명희 선생님~
나야말로 참 좋은 도반을 만났네요! ♥ ?? ??

인문학 22.06.26 12:31
시스템 속의 수단이 아닌 인간 본성, 그 자체의 낯섦이 양도되지 않기 위해..........
죄송합니다, 교수님~ 일생이 수업 표절이라....♡

옛이야기 22.06.27 12:31
한명희 선생님 글을 읽으면 "오호라!"하는 감탄과 함께 이렇게 섬세한 감성 이토록 뛰어난 지성 이처럼 탁월한 재치가 시스템의 좁은 벽에 부딪혀 얼마나 많은 상처를 받았을까 하는 생각을 하게 됩니다. 내게도 그런 상흔이 적지 않습니다. 정도의 차이는 있겠지만 우리 인간 모두가 저마다 상흔을 안고 살아가는 운명을 지닌 존재겠지요. 우리 성프란시스대학이 그런 상흔을 서로 조금씩 알아가면서 위로를 나누고 용기를 북돋우는 곳이 되기를 바랍니다. 장마가 본격적으로 시작된 것 같네요. 창밖에 쏟아지는 시원한 빗줄기로 소외의 일상적 습관을 씻어내고 힘차게 이번 한 주를 시작해 봅시다~♡

성지후 22.06.27 14:06
저 무슨 내용인지 다 알 거 같아요~ 선생님~
다 알고 보니 더 감동이고 감탄스럽습니다.
이 정도면 등단 각 아닙니까? ^^

175

좋겠다 정말로 그랬으면 좋겠다

故 오창식 (인문학 14기)

좋겠다. 14세의 어느 여름날, 아이들과 신나게 수다 떨며 지내던 어느 날, 선생님의 부르심에 교무실로 가서 들었던 한마디 '죽음'. 아버지의 죽음. 무슨 의미인지도 모르게 울렸던 단어 '죽음.' 이젠 듣고 느끼고 마음 다잡을 수 있는, 그때 아버지와 같은 나이가 된 지금, 누가 다시 한번 들려줬으면 좋겠다. '죽음'. 정말 그랬으면 좋겠다.

좋겠다. 스무 살 중반, 영업으로 바빴던 어느 날. 친구와 함께 거래처로 가서 물건을 내려놓고 퇴근하던 어느 날. 그날따라 시간이 더디게 갔고 짜증이 많이 났었다. 겨우 납품이 끝나 집으로 돌아가다가 우린 넋이 나갔다. 그날이었다. 삼풍백화점이 무너졌던 그날. 나와 그 친구는 생사의 기로에서 살았다고 환희에 젖었던 그날이었다. 그러나 나와 내 친구와 마주쳤던 그들은 같이 살았다면, 그래서 이처럼 옛날이야기인 양했으면 좋겠다. 정말 그랬으면 좋겠다.

좋겠다. 사십 대 중반 어느 날, 햇병아리 같던 요양사 시절. 아줌마들 틈에서 오래 가지 못할 것 같다는 핀잔과 걱정 사이에서 방황하던 어느 날. 한 어르신의 천진난만한 모습과 행동이 어머니같이 푸근했다. 그랬다. 그곳은 치매 어르신들이 계신 요양원이었다. 그곳에서 마치 어린아이처럼 지내던 어느 날. 그 어르신은 그곳이 좁다고 더 넓은 곳으로 가셨다. 지금 나는 일을 쉬고 있지만, 다시 그때로 돌아가 그 천진난만한 어르신과 같이 어울리며 지냈으면 좋겠다. 정말 그랬으면 좋겠다.

인문학이 싫다

한명희 (인문학 18기)

좋은 사람들을 만나서 싫고
행복해져서 싫다

교실 가는 게 싫다
좋은 사람들을 더 좋아할까 봐 싫다
더 고마워질까 봐 싫다

인문학을 모르던 때로 돌아가고 싶다
더 좋아할까 봐 더 고마워질까 봐
그런 걱정은 안 해도 되니
·
·
·

인문학이 좋다

5부

함께 짓다

함께 짓다

누군가를 업어준다는 것은

16기 공동창작시

깊고 깊은 침묵 속에 울고 있는 사람과 함께 아픔을 나누는 것 / 곽영기

지친 몸을 달래어 주는 것 / 송재구

심장과 폐가 하나 되어 함께 뛴다는 것 / 배○환

너와 내가 함께 노력하지 않으면 더 큰 절망 속에 같이 나뒹굴게 되는 것

누군가와 같이한다는 것은 칠흑 같은 어둠 속에서

두려움이나 실패나 상관없이 빛 가슴 속에 품게 되는 것 / 유상욱

그의 체온을 느껴 더욱더 가까워지는 것 / 최인택

타인의 고통을 떼어 나에게 붙인다는 것 / 이지혜 활동가

국화도 난 이곳에서 살련다

(부제 : 난 여기에 살란다)

16기 공동창작시

난 여기서 살란다
물비늘 반짝반짝
붉은 해가 저무는
난 여기서 살란다
나도 여기서 살란다

국화꽃도 국화빵도 없는 국화도
뿌연 하늘과 바다 그리고 외로이 떠 있는 섬
또한 매박섬과 바닷길 인상에 남는
국화도 둘레 길에서 본
그림 같은 집
한가로이 모래톱을 긁적이는
해수 농지거리에
오수를 취하는 작은 섬

난 여기서 살란다

인문학

19기 공동창작시

인문학은 시작은 있지만 끝낼 수 없는 미완성의 학문
사람· 교육· 살아가는 방식을 배운다
그렇게 그리움이 늘어갔다 넘치는 소주잔처럼
인문학은 나를 세상으로 연결하는 고리
인문학은 나를 자연으로 이끌어간다
세상에 태어나 인간이 왜 공부를 해야 하는지
나는 아직까지도 알 수 없다. 그러나
채워지는 술잔만큼 비워지는 시간들
인간답게, 문학적으로
학교 가서 펜을 들었다
오늘도 모두와 함께한다

소주

19기 공동창작시

쓰디쓴 맑은 물
나는 그 향이 싫어요
오늘 밤 텅 빈 가슴에 당신을 물들입니다
당신은 내게 친구이자 애인
그런 애인을 이젠 멀리 떠나보내 볼까요
아님, 다시 가까이하여
얼굴 붉혀 볼까요
빨강은 싫어요 파란 게 좋아요
그렇게 한 잔 맛있게 마십니다
잡생각을 잡아주는 당신
참이슬 머금은 풀잎처럼
항상 처음처럼 목 넘김이 좋아요
그렇게 한잔 먹으면 기분이 좋아집니다

한숨과 번개

20기 공동창작시

천둥 번개 번쩍임 멀리서 보이네
우리네 인생 한숨 없으면 산 것도 아니다
번개를 맞더라도 용기를 내야지

인생은 나그네고 바람이고 한숨이고
번개처럼 지나가는 세월이다
번개가 마른 하품을 하듯
한숨 쉬고 천둥이 울렸다

우산 없이 지나가려니 한숨이
휴~ 내뱉는 숨소리가 어느 순간 번쩍이는
천둥소리보다 더 크게 들렸다

우르릉 쾅! 우르릉 쾅쾅!
끝없이 내리치는 번개 끝없이 나오는 한숨
끝은 있는 걸까 한숨만 쉬고 고개 들면
내가 어떻게 살았는지 궁금하다

여름에 장마가 시작되면 비와 번개가 치고
그치면 언제 그랬냐는 듯이
태연하게 해가 한숨을 쉰다

별과 함께 나누는 우리들의 작은 이야기

17기 공동창작시

별을 보며 생각(思)합니다

별을 보며 이야기(談)합니다

별을 보며 꿈(夢)을 꿉니다

우리는 성(星)프란시스대학 인문학 과정 17기

별을 보며 시(詩)를 씁니다

별을 보며 노래(歌)합니다

별을 보며 춤(踊)을 춥니다

우리는 성(星)프란시스대학 인문학 과정 17기

별을 보며 그 사람 얼굴을 생각합니다

별을 보며 그대 생각에 오늘도 혼술을 마십니다

별처럼 빛나는 그대를 생각합니다

강의실을 나서며 별을 봅니다

'고난의 글쓰기'였지만 희망의 별을 찾아 여기 왔습니다

이 또한 찬란한 것이 아니겠는가?

우리는 성(成)프란시스대학 인문학 과정 17기

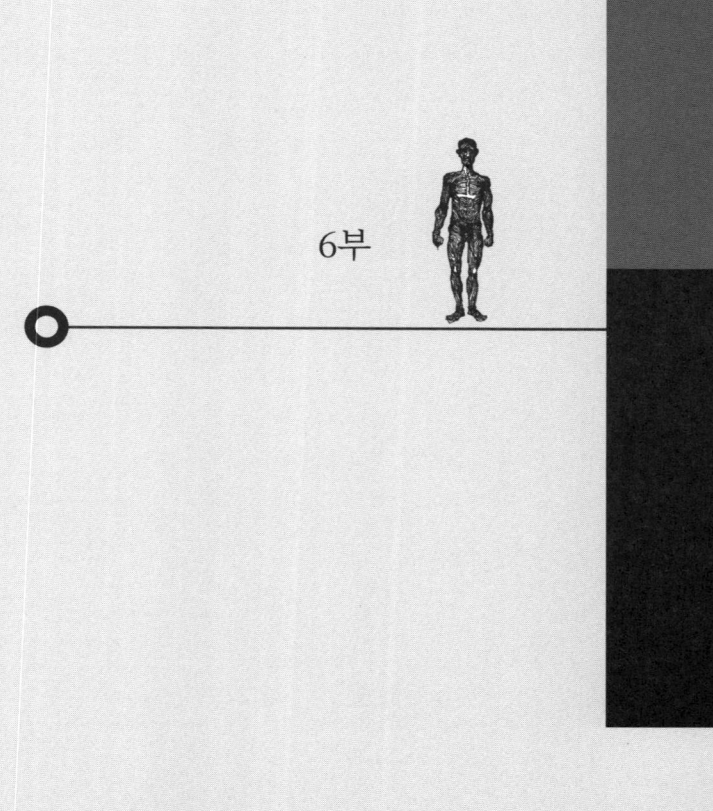

6부

인물 인터뷰

인물 인터뷰

나는 살아있는 손○식입니다

글 / 강민수
인터뷰어 / 강민수, 김연아
인터뷰이 / 손○식 (16기 졸업동문)

지난 2020년은 코로나19로 유난히 힘든 한 해였다. 집과 가족이 없는 사람들에게는 더욱 그랬다. 손○식 선생님(61세)도 그런 사람이었다. 그는 서류상으로 36년 전에 사망신고가 된 유령이었다. 내가 살아 있음을, 내가 나임을 증명하기 위해, 그는 작년 3월 성프란시스대학에 지원했다. 서울역에 온 지 15년 만인 지난 2021년 2월 15일, 그는 법원으로부터 '사망 사유 말소' 판결을 받았고, 동주민센터에서 지문을 등록하고 임시 주민등록증을 발급받았다. 그리고 3월 11일, 성프란시스대학 16기로 졸업식을 마쳤다.

3월 17일, 18일 이틀에 걸쳐 손○식님을 만나 이야기를 나눴습니다.

왼쪽부터 손○식님, 필자, 김연아 자원활동가.

"안 되면 또다시 일어나고, 안 되면 또다시 일어나고, 오뚜기라는 별명이 진짜로 이뤄져 버린 거예요."

'오뚜기'는 손○식 선생님이 2020년 5월(원래는 3월 입학인데 코로나로 2개월 연기됐다) 성프란시스대학 입학 오리엔테이션에서 지은 자신의 별명이다. 그는 이번에야말로 사망신고된 자기 자신을 살리겠다는 결심으로 성프란시스대학에 입학했다.

"다시서기센터에 있으면서 인문학 공부해 보라는 얘기를 많이 들었어요. 13기 졸업생에게서도 들었고요. 제가 신분증도 없는데 어떻게 할 수 있느냐 했더니, 일단 시도해 보라고, 신분증 만드는 데도 도움이 될 수 있을 거라고요. 그때 말을 들었어야 하는데 말을 안 들었어요. (왜요?) 설마 그게 가능할까. (아, 의심하셨구나.) 예. 의심했어요."

주민등록번호가 없으면 안 되는 일이 많다. 아니, 되는 일이 없다. 다 포기하고 살았다. 건강보험, 통장개설, 자격증 취득, 근로계약서 작성, 기초생활수급 신청. 심지어 초등학생도 있는 핸드폰도 가져본 일이 없다. 인터넷 사이트에도 가입을 못 했다. 가장 마음이 아픈 건 지금껏 한 번도 투표를 해보지 못한 일이다. 누구나 '하찮게' 생각하는 기본적인 권리조차 가져보지 못한 손○식 선생님이 '인문학 대학' 입학을 꿈꾸지 못한 건 당연했다. 그랬던 그가 성프란시스대학 입학을 결심한 계기가 있었다.

"나중에 알아보니까, 나 같은 경우의 사람이 1년 좀 넘게 걸려서 주민등록증을 만들었다고 하더라고요. 그 말 듣고 아, 한번 해보자 그래가지고 하게 됐어요."

자신과 같은 처지에 있던 누군가가 '해냈다'는 사실이 그에게 용기가 됐다. 손 선생님은 이제 자신의 이야기를 듣고 또 다른 누군가가 용기를 냈으면 하고 바란다. 그게 인터뷰에 응하게 된 이유란다. 그의 곁에는 겁이 나서 망설이고 있는 친구가 있다고 했다.

"내가 [그 친구에게] 다 얘기를 했죠. 나는 인문학 마명철 국장님이 도와줘서 지금 대한민국 사람이 됐다고요. 그런데 친구는 겁이 난대요."

인터뷰 글이 나오면 그 친구에게 제일 먼저 전해주고 싶다고 했다.

"나도 이렇게 해서 도움받았으니까 나처럼 비슷한 친구들도 그런 기회를 줘야 될 거 아니에요. (…) 인문학 하면은 네가 생각하는 거하고 정반대의 세상이 있다고 얘기를 해줬어요. 네가 여태껏 경험하지 못한 세상이 있다고. 우연히 그런 기회가 왔을 때 잡아야 된다고, 얘기를 했지요."

성프란시스대학을 통해 그가 경험한 세상이 궁금했다.

"술, 담배에 찌든 세계 말고, 이런 세계도 있구나 라는 걸 느끼게 됐어요(15년 전에 결핵을 앓은 이후로 술은 거의 마시지 않는다). 인문학 공부하면서 옛날 생각이 많이 났어요. 견문이 넓어졌다고 할까요? 세상 생각하는 게 달라지더라구요. (…) 사막에서 물을 발견한 느낌이랄까."

손○식 선생님이 말하는 '옛날 학창시절'은 중학교 시절이었다. 전라남도 구례가 고향인 손 선생님은 중학교만 졸업하고 일을 하기 위해 서울로 올라왔다. 일용직 노동자이셨던 아버지의 힘으로만은 4남매를 키우기가 벅찼다. 장남이었던 그는 빨리 돈을 벌어야겠다는 생각뿐이었다.

17살의 어린 나이에, 그는 '중국집 배달 보이'가 됐다. 아침 8시부터 밤 9시까지, 주말도 없이 일했다. 쉬는 날은 한 달에 한 번뿐, 월급은 팔천 원에서 만 원을 받았다('경기도 행정역사관' 사료에 따르면, 1975년 당시 공무원 월급이 4만 8백 원이었다). 당시만 해도 먹고살기 어려워서 중국집 배달 일을 하려는 사람들이 넘쳐나 경쟁률이 셌다. 그는 배달 일과 주방보조를 하면서 20년간 중국집 다락방에서 생활했다. 혼자 지낼 때도 있었지만, 보통은 한 방에서 2명이 생활했다.

그가 20살이 됐을 때, 함께 일하던 형을 따라 광주 시내 중국집으로 내려갔다. 1979년 10월이었다. 부산과 마산에서는 '시끄러운 일'이 있다는 이야기가 들려왔다. 7개월이 지난 1980년 5월 초부터 사람들이 가게 앞 도로에 많이 모여들기 시작했다. 같이 일하던 형이 무슨 일인지 밖에 나가 보자고 해, 처음엔 가벼운 마음으로 따라나섰다. 그런데 공수부대가 내려오고 나서 상황이 급변했다.

"다 봤죠. 닥치는 대로 사람을 패고 잡아갔는데, 사망 아니면, 폐인이 될 정도로 심하게 때리더라고요. 보고 있는데 진짜 겁이 나서 오줌이 지렸어요. (…) 수백 명이 모여 있었는데, 뒤쪽에 있는 무리들은 거의 다 도망가 어디엔가 숨었어요. 형이 그때, 같이 앞으로 가자고 했는데, 나는 무서워 뒤에 남았어요. 그래서 이렇게 살았죠. 안 그랬으면 나도 아마 죽었을 거예요."

손 선생님은 말을 아꼈다. 차마 말로 전달이 안 될 것 같다고 했다. 함께 앞으로 나가자고 했던 해병대 출신의 형은 돌아오지 않았다. 그 형이 어떻게 됐는지는 아직도 모른다. 손 선생님은 며칠간 중국집에 숨어 창문으로 바깥 상황을 지켜봤다. 당시 계엄군은 시위에 참가하지 않았더라도 밖에 있는 젊은이들은 '무조건 잡아갔다'. 보름 정도 지나자, 중국집 사장님이 서울로 도망치라며 택시비를 주었다. 택시를 타고 나주까지 가서 서울로 올라왔다. 그는 '목격자'가 되었고, 더 이상 이전과 같은 삶을 살 수 없었다.

"밤에 잠을 못 잤죠. 트라우마가 생겼어요. 안 없어지고 계속 이어졌죠, 트라우마가. (지금까지도 그러세요?) 지금도 깜짝깜짝 자다가 놀래 깨요. 그 옛날에 곤봉으로 맞아가지고 쓰러진 사람들이 떠오르고. (기억이 나는구나) 예예, 기억이 나서 밤에 잠을 못 자요."

서울로 올라온 그는 가족한테 연락할 경황도 없었고 자기 한 몸 살려고 피해 지냈다. 40년이 지난 지금, 다시 그 순간을 떠올리는 걸 힘들어하는 그의 마음을 다 이해하기는 어렵다. 가족들은 손 선생님이 광주로 일하러 갔다는 소식을 들었고 5년 동안 연락이 없자, 1985년에 기다림의 끈을 놓아버렸다. 어머니가 사망신고를 했다는 사실을 그가 알게 된 건 그러고도 10년 후의 일이다. 처음엔 경황이 없었고, 나중엔 신체검사를 받지 못해 병역기피자로 잡혀갈까 봐 겁이 났다. 헌병들한테 끌려가면 반

죽어 나온다는 말을 들었다. 자꾸 광주 생각이 났다.

"삼청교육대라고, 서울 올라오니까 또 그게 살벌하게 있었어요. 5 · 18 일어나고 얼마 안 있다가 문신 있는 사람들은 다 잡아갔어요. (⋯) 어느 날 명동에 갔는데, 군바리하고 형사들이 젊은 사람들을 마구 잡아 가더라고요. (불심검문을 해서) 예. 문신 있는 사람들은 죄다 차에 태워 바로 데리고 갔어요. 살벌했죠. 반항하면 그 자리에서 조인트 까고 곤봉으로 막 내려치고."

그가 기억하는 시대는 '살벌했다'. 서울로 올라온 그는 안전하다고 느끼지 못했다. 명동에서 불시에 삼청교육대로 끌려가는 젊은이들의 모습이 자신 같았다. 20살이 되고 아직 주민등록증도 만들지 못한 그였지만, 중국집에서 일을 하는 데는 별문제가 없었다. 중국집 다락방에서 지내니 전입신고를 할 이유도 없었다. 달리 할 줄 아는 일도 없었기에 30년간 성실히 중국집 일만 하며 나중엔 주방장까지 되었다. 주방장이 되자 전보다 경제적인 여유가 생겼지만(주방장 월급은 180~230만원이었다), 여전히 일은 고됐다. 매일 밤 10시 반이 넘어서 집에 돌아왔다. 쉬는 날은 한 달에 고작 한두 번. 남모르는 상처와 스트레스를 술로 풀었다. 통장을 개설할 수 없어 저축을 못 하니 돈이 모이질 않았다. 결혼은 꿈꿀 수조차 없었다. 사망신고가 되어 있는 현실이 점점 그의 삶을 옥죄어 왔다. 결국 주방장 일을 그만두고 잠시 쉬던 차에 마지막으로 가지고 있던 돈을 모두 경마로 날렸다.

<선바위>

무시무시한 바위산
전설의 고향 남태령 고개를 지나 선바위
구미호에 홀려 나는 오늘도 감옥에 간다.

미친 불나방처럼 족쇄에 매여서
오늘도 나는 죄수가 된다.

미친 광란의 질주가 있는 곳
어마어마 막지한 간수가 있는 곳
렛츠런 감옥으로

무소불위 철장권세를 가진
머니(돈) 시추하기 위하여

손○식 선생님은 성프란시스대학 글쓰기 시간에 자신의 과거를 회상하는 시를 썼다. 관악산 남태령고개에 구미호가 있다는 전설처럼, 그 시절 구미호에 홀린 듯 '렛츠런' 경마장에 다녔다. IMF 사태 이후로는 중국집도 장사가 잘 되지 않아 일을 다시 구하기도 어려웠다. 사십 대 후반에 '죽어 있는' 사람이니 다른 자격증을 딸 수도 없고, 정부의 지원을 받을 수도 없었다. 마침내 영등포 OB공원에서 노숙을 시작했다. 운이 좋아 다른 사람 신분증으로 일용직 일을 나갈 경우엔, 일주일 동안은 여인숙에서 지낼 수 있었다. 그렇게 1년 6개월을 보내니 몸은 급속도로 나빠져 결핵 판정을 받고 병원에 입원하게 됐다. 결핵 완치 판정 받고는 13년 동안 줄곧 다시서기센터(서울역 거리홈리스를 지원하는 사회복지기관. 성프란시스대학을 설립·운영한다) 일시보호 잠자리를 이용했다. 자연스럽게 술과 경마를 끊었다.

성프란시스대학의 학무국장과 자원활동가들이 본 손○식 선생님은 '잘 웃어서 주위까지 환하게 만드는 사람', '힘든 일이 있어도 내색을 안 하는 사람', '의지가 강하고 성실한 사람'이었다. 생각해 보면 당연했다. 한때 술과 경마에 빠져서 돈을 잃었지만, 30년 동안 한 달에 한두 번 쉬어가며 중국집 일을 했고, 성실함을 인정받아 배달보이에서 주방보조로, 결국 주방장까지 됐다. 입학 후 1학기 동안 그는 한 번도 수업을 빠지지 않았다. 성프란시스대학의 학무국장과 진행한 사망신고 복원과정은 첫 단추부터 쉽지 않았다. 매 순간 위기에 봉착했다. 스트레스로 정신과 증상이 나타나 결국 1달 반 동안 입원치료를 받았지만, 그는 포기하지 않았다.

"첫 번째가, 본인임을 확인해야 하는데. 사망신고 돼 있어 확인할 수 있는 방법이 없다는 거예요. 내가 나라는 것을 확인할 수 있는 방법은 오직 가족이라는데, 찾을 방법도 없고." (마명철 사회복지사)

사망신고를 정정하려면 가정법원에 자신이 살아있다는 사실을 증명해야 한다. 그런데 일단 (연락되는)가족이 없으면, 자신이 자신임을 증명할 방법이 없다. 고향인 구례까지 내려갔지만, 동주민센터에서는 사망신고 돼 있는 '그 사람'이 이 사람인지 확인할 방법이 없으므로, '사망신고' 여부를 확인할 수 있는 제적등본조차 떼어주지 않았다. 자신이 '신원불명'의 사람이라는 사실부터 확인되어야 했다. 손○식 선생님은 마명철 사회복지사와 함께 서울역 파출소를 찾아가 십지문 확인을 요청했다. 그마저도 처음엔 거절당했지만, 노숙인 담당 경관인 박아론 경사가 이야기를 듣고 십지문 확인을 도와줬다. 지문이 등록되지 않은 '신원불명'의 사람이라는 이 경찰 공문이 자신을 증명하는 첫 번째 서류였다.

공문을 들고 남대문 경찰서를 찾아 '가족찾기' 신청을 했지만, 전쟁이나 해외입양 등의 사유에 해당이 되지 않는다고 또다시 거절당했다. 난관에 부딪힐 때마다 손 선생님은 '옛날처럼 막히는구나'라는 생각에 가슴이 철렁 내려앉았다. 다행히 회현동주민센터에서 경찰 공문을 보고 사유를 인정해 기초생활수급 신청을 위한 임시 사회보장번호를 발급해 주고, 제적 등본을 열람할 수 있도록 도와주었다. 자신이 사망신고 되었다는 공식 서류를 36년 만에 직접 확인한 순간이었다.

다시서기센터에서 대학생 때부터 자원활동을 한 박기태 변호사가 법원에 제출할 서류 작성을 도왔다. 다시서기센터의 사회복지사 2명이 '손○식이 손○식이 맞다'는 인우보증서를 작성했다. 법원에서는 가족의 인우보증서와 유전자검사 확인서 등 '손○식이 손○식임을' 증명할 자료를 보완하라고 명령했다. 법원의 명령문이 있으니 드디어 동생들의 초본을 열람할 수 있었다. 주소가 있었지만, 연락처는 알 수 없었다. 마명철 사회복지사는 동생분이 사는 아파트 관리사무소에 전화해 사정을 이야기했다. 여동생에게서 연락이 왔다. 마지막까지 마음을 놓지 못하던 손○식 선생님은 그때서야 '일이 됐다' 싶었다.

"그때 딱 전화가 오더라구요."

17년 전에 마지막으로 수소문해 만났던 여동생이었다. 당시엔 동생들도 형편이 어려워 손○식 선생님을 돕지 못했다. 서로를 향해 참았던 그리움과 속상함이 교차했다. 동생들은 인우보증서를 작성했고, 유전자검사를 받았다. 손 선생님은 그동안 자활근로를 해 모아두었던 돈으로 유전자검사비와 서류 비용을 부담했다. 여동생은 요즘 거의 매일 손 선생님에게 전화해 안부를 묻는다(마명철 국장이 자신의 명의로 선불폰을 개통해주었다). 인터뷰 중간에도 여동생에게서 전화가 왔다. 전화를 받는 그의 목소리가 유난히 부드러웠다. 다음 주에 주민등록증이 나오면, 봄이 다 가기 전에 동생을 만나러 간다고 했다.

동생들의 인우보증서와 유전자검사 확인서까지 제출했지만, 법원에서는 손 선생님의 어릴 적 사진을 제출하라고 명령했다. 다행히 여동생이 손 선생님의 초등학교 동창을 알고 있었다. 1979년, 광주로 내려가기 직전 서울에서 마지막으로 본 친구였다. 40년 만이었다. 다시서기센터에서 만난 친구는 초등학교 졸업사진을 보여주었다. 친구가 보여준 자신의 어린

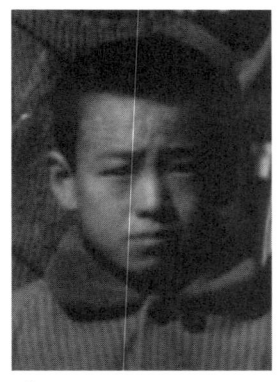

손○식님의 초등학교 시절 사진

시절 사진은 낯설었다. 자신이라고 믿기 어려웠다. 그동안 너무 많은 일이 있었다. 하지만 단 한 번도 자신의 삶을 누구에게 얘기한 적이 없었다. 말로 해도 전달될 수 없다는 걸 알기 때문이다. 두 차례에 걸친 인터뷰 말미에 그는 이렇게 말했다.

"(광주에서의) 그때 상황이, 인문학 하면서 서서히 잊히더라고요. 36년 만에 다시 살아났으니 이젠 좋은 일만 있을 것 같아요."

그는 자신이 '운이 좋았다'고 말했다. 남들은 1, 2년씩 걸린다는 사망신고 복원을 그는 10개월 만에 끝마쳤다. 아무리 생각해도 혼자였다면 중간에 포기했을 것이다.

"나한테 인문학은 천군만마예요. 모든 걸 다 이루어줬잖아요. 이때까지 내 평생의 소원을 이루어준 게 인문학이라, 평생 죽을 때까지 못 잊을 것 같아요."

한 가지 안타까운 건 이 모든 일이 그가 서울역에 온 지 15년 만에 이루어졌다는 점이다. 왜 더 일찍 못했을까? 성프란시스대학의 학무국장인 마명철 사회복지사에게 묻자, 이런 대답이 돌아왔다.

"제가 이전에 현장지원팀에 있을 때는 거리 응급구호활동, 응급 보호 후에 시설이나 병원에 연계하는 일들을 주로 했어요. 단기간에 많은 사람을 상담하고 지원하는 일이었죠. 그런데 성프란시스대학에서는 한 사람을 1년이란 긴 시간을 두고 만난 거예요. 그러니 한 사람, 한 사람의 사정을 깊이 알아갈 수 있었고, 가장 절실하게 필요한 것이 무엇인지 자연스럽게 알게 된 것이죠."

성프란시스대학엔 매년 15명이 입학한다(원래는 25명이었지만 작년부터 대기업 후원이 끊겨 공간 문제로 입학정원이 줄었다). 글쓰기, 철학, 예술사, 문학, 역사 과목을 1, 2학기로 나눠 듣는다. 중간중간 소풍도 가고 현장답사도 간다. 당장 수백 명의 거리홈리스를 상담하고 지원해야 하는 상황에서 15명을 위한 인문학과정은 '비효율적'으로 보일 수도 있다. 정부와 서울시의 지원도 언제 끊겨질지 모른다. 하지만 인간이란 한 생명을 어찌 '효율'의 관점으로만 바라볼 수 있겠는가. 손○식 선생님은 16기 졸업 문집 <마중물>에서 이렇게 적었다.

"지난 1년 인문학을 만나 참으로 새롭고 신기로운 삶을 살았습니다.

치열하게 살지 못했던 저를 돌아보고 제 자신에 대해 생각해 보는 시간이었습니다.

지금부터 인문학을 마주했던 그 마음으로 생활해 보려고 합니다.

그동안 도움 주신 교수님들, 마 국장님 고맙습니다.

코로나19로 모두 고생 많으셨습니다.

지난 1년은 내 인생의 마중물의 시간이었습니다.

근본을 잊지 않겠습니다."

이제 마지막 한 줄을 더해야겠다.

"나는 대한민국 사람, 살아있는 손○식입니다."

짠하네 – 16기 개근의 주인공을 만나다

글 / 김연아
인터뷰어 / 김연아, 강민수
인터뷰이 / 최인택 (인문학대학 16기)

<짠하네>

툭, 은행열매
바닥에 짓뭉개져
엉망이 된 너

'5,7,5 완벽한 음수율의 하이쿠 시형식. 17자에 志와 情을 온전히 담다니! 쉬 가시지 않는 여운은 또 어떤가! 놀랍다는 말밖에.' 글쓰기수업 박경장 교수님의 감상평입니다. 이 시를 쓰신 최인택 선생님께서는 성프란시스대학에 오기 전까지 쓰신 글이라곤 집에 돈 부쳐 달라는 편지가 유일했다고 합니다. 무엇보다도 최인택 선생님은 16기 선생님들 중 유일하게 1, 2학기 통틀어 단 한 번도 수업에 빠진 적이 없었습니다. 다사다난했던 2020년이었기에 어떠한 마음이셨을지 그 소감이 무척이나 궁금했습니다. 카페에서 만나 뵌 선생님은 카페라떼에 설탕 두 봉지를 넣으셨어요.

Q: 선생님, 커피에 설탕 많이 넣는 걸 좋아하시나 봐요.

A: 어렸을 때 키워주신 고모, 고모부 두 분이서 미군부대에 다녔어요. 고모는 웨이트리스고 고모부는 주방보조. 그래서 양키 물건(최인택 선생님은 '양키'라는 표현을 비하의 의미가 아닌 '인천 양키시장'처럼 당시의 고유명사로 사용하고 계셔서, 말씀하신 그대로 표기하였습니다. 이 점 양해 부탁드립니다.)은 쌓아두고 먹었어요. 어렸을 때 커피 맛을 모르니까 커피에 설탕만 잔뜩 넣어가지고 먹는 게 버릇이 돼가지고. 커피 맛을 몰라요, 나는.

Q: 고모와 함께 사신 거예요?

A: 예, 그때 형편이 안 돼서, 말하자면 나를 의탁한 거죠. 아버지가 이북에서 누나, 여동생 데리고 셋이서 월남을 했어요. 아버지가 자식을 넷 낳았는데, 막내가 쌍둥이였어요. 그때 시골에서 아버지가 군대 생활할 때인데, 옛날에는 집에서 애를 낳았잖아요. 어머니가 임신중독증이라고 처치를 잘못해가지고 낳다가 돌아가신 거예요. 쌍둥이 중에 한 명은 낳고, 한 명은 사산하고. 아버지가 군인이라 2년마다 전국을 돌아야 하는데, 누구 도와줄 사람도 없고, 먹을 것도 없고 생활이 어려워지니까 나를 서울에 있는 고모 댁으로 보낸 거예요. 또 내가 장남이고 하니까 서울 가서 살

라고. 고모가 이태원에 살아서, 나는 보광국민학교에 다녔어요.

Q: 거기서 중학교까지 들어가신 건가요?
A: 우리 때까지는 시험을 봐서 중학교를 들어갔어요. 서울에서 시험을 봤는데, 1차, 2차 다 떨어졌어요. 그래서 집에서는 야간 학교를 가라고 했는데, 어린 나이에 야간은 가기 싫었어요. 평판이 안 좋았어. 알 지 모르겠는데, 전쟁영웅 백선엽 장군이 선인중학교라고 인천에 학교를 새로 세운 거지. 처음 학교를 세우니까 아무나 다 뽑았거든. 그래서 거길 들어가게 된 거예요. 학교는 제물포에 있었고 부평에 미군 부대 큰 게 하나 있었어요. 그때 서울에서 부평으로 이사를 갔는데 내가 거기 살면서 학교를 다닌 거예요.

Q: 그리고 고등학교에 가신 거예요?
A: 네. 근데 말썽 많았어요. 애들하고 돈 벌러 다니고 그랬어요. 식당 가서 일하고, 그 당시 청량리에 가방 공장이 유명해서 거기 가서 일하고. 학교생활은 엉망이었지. 중학교 2학년 때까지만 해도 반에서 1등은 도맡아서 장학금도 받고 그랬어요. 그때만 해도 친척 집에 있으니까 눈치가 보이는 거예요. 장학생이라서 학비도 얼마 안 됐는데, 돈 달라고 할 땐 그렇게 눈치가 보여. 며칠 밤을 새다가 기분이 안 좋은 것 같으면 끝내 얘기를 못 했어요. 그러면 학교에서 되게 독촉했어요. 선생님한테는 심한 말 듣고. 그러다 보니까 공부에 점점 흥미도 잃고 안 좋은 길로 빠지게 된 거죠. 아버지가 월남에 파병 갔다가 돌아와서 사준 세이코 시계도 전당포 맡겨놓고 가출했었어요.

Q: 아, 아버지가 월남전까지?

A: 예. 그러면서 집안이 조금 폈어요. 돌아오면서 집도 사고 형편이 좀 폈는데, 그러면 나를 불러서 보살폈어야 하는데 나를 안 불렀어요. 방학 때 어쩌다 집에 돌아가도 항상 겉도는 느낌이었어요. 집에 대한 애착 같은 게 전혀 없이 자랐죠. 근데 또 집에서는 장남이라고 약간 기대감도 있는데, 내가 자꾸 다른 길로 빠지면서 점점 집하고 멀어진 거예요. 연락 안 한 지 20년 됐어요, 지금은 돌아가셨는지도 모르는데, 왠지 살아계신 것 같아요. 아흔 넘으셨을 텐데…. 쭉 혼자 살다가 보니, 여태까지는 혼자 살고 있어요. 뭐 결혼도 안 하고. 근데 결혼 못 했다고 후회하는 것도 없어요. 내가 가족이 있어봤자, 거느릴 능력도 안 될 것 같았고, 나 같은 자식이 있어 봐야 키워놓으면 속만 타죠. 없는 게 낫지. 혼자 사는 게 백번 좋다고.

Q: 그렇게 혼자 서울에 사신 거예요?

A: 답십리에 살면서 설비가게에서 일용직 비슷하게 일을 했어요. 이런저런 집수리나 보일러 고치는 일이요. 경력이 한 20년 가까이 돼요. 꾸준히 한 달에 20일 넘게 일하고 그랬어요. 그런데 그 동네에 재건축 바람이 불어서 일거리가 확 줄었어요. 20일 넘게 하던 일이 그야말로 일주일도 못하는 식으로 줄면서 점점 집에 있는 시간은 많아지고, 그때 도박 비슷하게 자전거 경륜하고 미사리에서 보트 경쟁하는 경정을 했어요. 오랫동안 꾸준히 가던 곳이긴 한데, 일거리 줄고 나서는 일주일에 5일을 갔죠. 수, 목은 경정, 금, 토, 일은 경륜이나 경마. 그런데 교통사고가 나고 다리하고 발가락이 골절돼서, 느낌에 오른쪽 다리가 약간 짧아진 거 같아요. 조금 피곤하게 일하면 저리고 아침에 일어나면 금방 못 일어나요.

Q: 성프란시스대학은 어떻게 알게 되셨어요?

A: 이제 몸도 여기저기 안 좋아서 일도 제대로 못 하고 돈도 떨어지고, 무기력증이라고 해야 하나. 이렇게 살아봐야 뭐 하나 생각을 했어요. 그때 결정을 딱 했어요. 그만 살자. 마음의 준비를 딱 하고 밧줄을 들고 수락산으로 올라갔어요. 사람들이 안 보는 데, 으슥한 데 죽을 자리를 봤어요. 부러지면 안 되니까 탄탄한 나무도 찾아 놓고. 주머니에 만 원짜리 몇 갠가 있었던 거 같아요. 전 재산이었죠. 나무 하나 딱 골라 놓고 마음의 준비를 따악 하는데, 그때 카톡이 오더라고, 카톡이. 연락처 번호도 다 지웠었는데. 봤더니 누가 돈을 보냈대. 그게 뭐냐면, 그때 살던 방 보증금 다 까먹고 마지막 방세도 다 주고 나온 거였거든요. 그 주인아줌마가 이사 비용에 쓰라고 마지막 방세를 나한테 보낸 거예요. 25만 원을. 밧줄 잡고 딱 있는데. 아, 아직은 때가 아닌가 보다. 그때 25만 원을 보면서 든 생각이 뭐냐면, '아, 로또를 몇 번은 사겠다.'였어요. 그렇게 내려와서 25만 원 가지고 한 2주를 만화방 가서 자면서 로또 사고 그랬는데, 그게 될 리가 있나요. 나중에 돈이 완전히 떨어지니까 죽고 싶은 마음보다는 동네 사람들한테 돈을 빌려야겠다는 생각을 한 거예요. 생전 돈 없어도 그런 말 안 했거든요. 새벽에 길거리에서 추워가지고 덜덜 떨고 있는데, 설비가게 사장을 만났어요. 내가 돈 달라고 하니까 사장이 10만 원을 주면서 왜 그러냐고, 왜 이렇게 됐냐고, 그래서 얘기를 했어요. 그랬더니 사장이 동네 통장하고 좀 알아. 통장을 불러서 얘가 이렇다 하니까 이런 상태면 기초수급을 받을 수 있다 하더라고. 당장 급하면 긴급지원이라고 40 몇만 원 받을 수 있으니까 받아서 일단 살아라. 그래갖고 동사무소에 그 긴급지원 신청하러 갔는데 거기서 서울역 다시서기센터를 알려 준 거예요.

Q: 그게 몇 년도예요?

A: 재작년. 아니, 3년 전이네. 다시서기센터하고 인정복지관이라고 여기보다 조금 작은데 거기에도 몇 달 있었어요. 다시서기센터에서는 한 달에 20일만 있을 수 있거든요. 그렇게 지내다가 자활근로를 시작했어요 (보건복지부 규정상, 노숙인 일시보호시설은 동절기를 제외하고 한 달에 20일까지 있을 수 있다. 그래서 선생님들은 보통 몇 군데 일시보호시설을 옮겨 다니며 생활한다). 그러다가 공고를 봤어요. 성프란시스대학 공고를. 내가 학교생활에 대한 미련이 있었나 봐요. 성실하지 못했던 거. '이야, 대학이란다. 내가 어디 대학 근처나 가 보겠나.' 싶어서 신청을 했어요. 근데 그때 신청받던 팀장님이 나이가 들어서 좀 어려울 것 같다면서, 여기 혹시 떨어지면 장구 강습을 받을 수도 있다고 하더라고요. 그렇게 신청하게 됐는데, 인원이 적어서 그랬는지는 몰라도 합격이 된 거예요. 그래서 열심히 하려고 처음부터 마음먹었어요. 이 나이 먹어서 언제 기회가 있나 싶어서. 평소에 발표해 본 적도 없는데 나대면서 발표도 하고. 우리 기수에서 나만 개근했잖아요.

Q: 만감이 교차했을 것 같은데.

A: 그렇죠, 학창시절도 생각나고. 알게 모르게 대학에 대한 미련이 있었거든요. 그때는 고등학교 학비 대는 것도 어려웠지만, 아버지 꿈이 나 육군 사관학교 보내는 거였거든요. 근데 육사도 실력이 돼야 가지. 그때는 서울대 저리 가라 할 정도였어요. 택도 없는 희망사항이었지.

이렇게 선생님의 삼행시가 탄생한 거군요! (글쓰기수업 첫 과제가 이름으로 삼행시쓰기였다)

최: 최고로

인: 인기 있는 학생이 되겠습니다.

택: 택도 없는 희망사항입니다.

Q: 수업은 어떠셨어요?

A: 코로나 때문에 기간이 좀 짧았다는 게 아쉬워요. 근데 배운다는 거 자체로 그동안 못 채운 걸 채우는 만족감이 있었어요. 진짜 배우고 있다고 느낀 게 퀴즈프로그램을 보면 내가 맞추는 게 늘은 거예요. 예술사 시간에 본 건데, 고흐의 '감자 먹는 사람들' 그림 있잖아요. 그게 퀴즈프로그램에 나오더라고요. '어, 나 저거 아는 건데.' 그랬지. 그리고 김동훈 교수님 토론 이끌어 가시는 게 인상 깊었어요. 모든 의견을 포용하면서도 다툼 없이 토론을 진행할 수가 있다는 걸 알았어요. 열정적이었던 교수님은 박한용 교수님. 교수님이 특별히 시간 내서 코로나 사태에 대해 한 시간 동안 강의를 하셨는데, 나중에 티브이에서 다른 유명한 교수가 코로나 강연을 하더라고요. 근데 그걸 보면서 박한용 교수님이 강의한 내용이 더 깊이가 있다 느꼈죠.

Q: 선생님, 글쓰기는 별로 안 좋아하셨나 봐요. (웃음)

A: 글쎄, 제가 요새 댓글도 안 써요. 부담돼서. 여태까지 살면서 게임을 해도 채팅하는 것도 안 하는데, 글쓰기는 왠지 자신이 없고, 내가 할 수 있을까? 한 줄이라도 쓸까? 싶었어요. 하여튼 몇 번 하다 보니까 그래도 몇 줄 쓰긴 쓰더라고 하하. (근데 재능 있으신 거 같아요.) 아니, 재능은 없어요. (그 전엔 안 써보셨어요?) 어우, 그럼요.. 우리 땐 편지세대니까. 편지도 내 평생 스스로 쓴 건 없고, 서울에 생활하면서 집에다가 돈 좀 부쳐달라

고 그때 할 수 없이 쓴 거 그거 한 통이에요.

Q: 근데 <짠하네> 시는 어떻게 나온 걸까요?
A: 긴 글은 자신도 없고, 짧은 거 하나 쓴 거죠. 그때가 한참 일본의 하이
쿠 배울 때였어요. 거리에 은행 열매가 떨어지면 사람들이 무심코 밟고
지나가면서 바닥이 지저분해지잖아요. 그때 이성선의 <별을 보며>라는
시를 외웠었는데, 거기에 '엉망으로 술에 취해 쓰러지던 골목에서/바라
보면 너 눈물 같은 빛남'이라는 구절이 있어요. 그 '엉망으로'가 머릿속에
박힌 거예요. 주제가 떠오르면 뭐가 된다는 게 맞긴 맞나 봐요. 지저분해
진 은행 열매를 보니까 갑자기 그게 떠올랐어요.

Q: 1년 동안 수업 들으시면서 아쉬웠던 점이 있을까요?
A: 1학기 수업 마치면서 백일장 했잖아요. 그중에서 다섯 명만 선정해
서 상품권을 줬었는데, 참가하는 데에 의의가 있는 건데, 참가상도 줬으
면 좋지 않았을까. (그때 많이 실망하셨죠?) 서운한 마음이 없지 않아 있었
지요. 워낙 글쓰기도 잘 안되고 급하게 쓰는 건 재주가 없으니까 내가 미
리 생각한 게 있었어요. 오랫동안 계속 생각을 하면서 뭘 쓸지 내용을 준
비했어요. 근데 백일장 주제가 나왔는데 아무것도 안 맞아(웃음). 물론 주
제에 끼워맞춰서 쓰면 됐었는데 이게 비겁하다는 생각이 들어서, 행복에
대해서 약간 비관적으로 썼는데, 말도 안 되게 썼죠. 행복은 아무것도 아
니다. 숨 쉬는 것조차 행복이다.

<행복>
오랜 기간 공황장애로 시달린 적이 있었다. 가위눌린 느낌에 잠이 깨면 기도가 막힌 듯이 호

흡이 안 되는 것이었다. 아니 분명히 숨을 쉬고 있는데도 아귀지옥의 아귀의 식도가 바늘 두 께만 해 음식물을 삼키지 못해 피를 토하듯 바늘구멍으로 숨을 쉬는 것 같았다. 잠시 진정된 뒤에 정상적인 호흡이 되돌아오면 한 방울의 눈물과 함께 마음의 안정을 되찾는다. 행복, 숨 쉬는 자체가. 자연적인 숨쉬기, 평소 당연히 생각했던 소중함을 깨닫지 못한 나를 되돌 아본다. 행복은 항상 내 곁에 있는 것을….

Q: 근데 개근이라는 게 중간에 몸이 아플 수도, 가기 싫을 수도 있는데, 위기가 있지 않으셨어요?
A: 초심을 유지하자는 생각으로 열심히 한다는 게 모토였어요. 개근하는 것이 정상적이라고 생각했고, 특별히 몸이 아픈 적도 없었고. 열심히 하 겠다고 말을 많이 했기 때문에 그 말을 지키고 싶었어요. 신중한 성격이 라 뭘 한다 하면 거의 한다고 보거든요. 담배 끊는 것도 남들은 어렵다는 데 난 우스워요. 지금은 담배를 피지만, 이것도 마음만 먹으면 끊을 수 있 어요. 근데 담배를 끊어야 할 이유가 없잖아요? 내가 오래 살 것도 아니 고, 건강 지켜서 뭘 할 것도 아니고.

Q: 지금은 행복하세요?
A: 아무 생각 없어요. 행복은 마음먹기 나름 아니겠어요. 막말로 누워서 티브이 편안하게 보는 게 행복하다 생각하면 행복할 수도 있고, 불행하 다 생각하면 한없이 불행한 거고. 그냥 사는 거예요. 희망이고 뭐고 없어 요. 근데 희망 하나만을 얘기한다면, 로또가 되는 거. (웃음)

Q: 1년간 수고한 나에게 해 주고 싶은 말?
A: 당연하게 과정을 거쳤다고 생각해요. 자랑스럽다 그런 것도 없어요. 1

년 동안은 삶의 활력이 조금은 는 것 같고 보람은 충분히 있었다고 생각해요. 지금도 아직까지 머릿속에 시가 돌아다니고 메말랐던 감성이 조금은 생기지 않았을까. 아직까진 기억력이 괜찮은지 몇 번 외우다 보면 외워지더라고요. 어느 순간 잊어먹겠지만…, 지금도 외울 수 있어요.

흔들리며 흔들리며 걸어가던 거리/엉망으로 술에 취해 쓰러지던 골목에서/바라보면 너 눈물 같은 빛남/가슴 어지러움 황홀히 헹구어 비치는/이 찬란함마저 가질 수 없다면/나는 무엇으로 가난하랴. (이성선, 별을 보며)

무채색 삶을 끝내자

글 / 김연아
인터뷰어 / 강민수, 김연아
인터뷰이 / 이○은 (인문학 16기)

　항상 칠판 바로 옆에 앉아 신비로움을 자아내던 선생님이 한 분 계셨습니다. "이 영화 보셨나요?" 교수님 물음에 항상 "예, 봤습니다." 하시던 분. 『거리에 핀 시 한 송이 글 한 포기』 북 콘서트 때 "제가 할 일 없을까요?" 여쭤보시며 계속 일거리를 찾아다니셨던 분. 회장을 시켜야 한다는 16기 선생님들의 열화에도 한사코 손사래 치시던 분. '무채색 삶을 끝

내자. 힘들어도 꿈을 꾸는 인간이 되기로 했다'며 성프란시스대학 16기 1년 동안 자신과 용서와 화해의 시간을 보냈다는 분. 이용은 선생님은 어떤 삶을 살아오셨을까요.

Q: 16기 졸업하고 처음 봬요. 어떻게 지내세요?
A: 지금은 서울역 희망지원센터에서 9월까지 서울시 공공근로로 일하고 있어요. 그리고 이번 년도 말까지 제가 생각하고 있는 걸 준비해서 내년 초부터 하려고 계속 신경 쓰고 있고요. 그 일이 다른 사람들하고 함께 하는 작업이다 보니까 좀 급하게 준비해야 해서 원래는 1년 동안 성프란시스대학 17기 자원활동가로 활동하려고 했는데 아쉽게도 중간에 그만두게 됐어요.

Q: 그 일은 어떤 일인가요?
A: 크게 두 가지인데, 하나는 음악 편곡하는 거고요, 두 번째는 취미로 하던 사진을 상업적인 쪽으로 조금 활용하려고 해요. 컴퓨터 관련된 건 아직 확정적인 건 아니고요.

Q: 컴퓨터 관련이라면?
A: 예전에 프로그래머였거든요. 고등학생 때부터 IT업체에 소속이 되거나 프리랜서로 계속 일을 해왔어요.

Q: 이○은 샘 실력이 좋으셨나 봐요. 고등학생을 그냥 그렇게 쓰진 않잖아요.
A: 적성에 맞았다고 해야죠. 어릴 땐 많이 내성적이어서 혼자 무언가 집

중해서 하는 걸 좋아했어요. 남들하고 어울리면 에너지가 빠지는 느낌이었죠. 이 성격이 학생 땐 문제가 없었는데, 사회인으로서 살아가려면 굉장히 답답한 성격이잖아요. 그 성격 바꾸려고 스무 살 땐 부산에서 서울까지 걸어간 적도 있어요.

Q: 부산에서 서울까지 어떻게요?
A: 성격 때문에 고민을 했죠. 이래가지고는 먹고살기 힘들겠다. 또 여행을 좋아했거든요. 전국 일주는 시간상으로 불가능할 것 같아서 부산에서 동해안 쪽을 따라서 쭉 걸어 올라올 계획을 세웠어요. 혹시 모르니 아플 때 서울로 빨리 돌아올 수 있을 만큼의 비상금만 가지고 부산에 도착했어요. 내성적인 성격 때문에 3일을 굶었어요. 3일을 굶으면서 걸었는데, 3일을 굶고 나니까 세상이 노래진다는 말을 그때 알게 된 거죠. 용기라고 해야 할까요. 이러다 죽겠다 싶었는지, 어떤 식당에 들어가서 "제가 지금 걸어 올라가고 있는데 3일째 굶었어요. 밥 좀 주세요." 3일 굶으니까 그 소리가 나와요. 다행히도 그분이 "아이고, 젊은 총각이 고생한다." 하면서 밥을 주셨어요. 이래선 안 되겠어서 그다음부터는 공사현장 같은 것 보이면 사정 설명하고 하루만 알바를 한다거나 농촌 지역을 걸어갈 때 일 도와드리고 새참을 얻어먹는다거나 해서 걸었어요. 침낭을 갖고 있어서 잠은 야외에서 다 해결하고요.

Q: 얼마나 걸렸어요?
A: 그렇게 서두르지 않고 이런 경험, 저런 경험 다 해보면서 천천히 올라와서 경포대까지 찍고 방향을 틀어서 서울까지 오는 데 3개월 걸렸어요. 경포대에서 있었던 에피소드 하나 들려드릴게요. 경포대 도착했을 때가

밤이었는데, 그땐 군인들이 해변에 접근을 못 하게 했어요. 해변까지는 못 들어가고 그 근처 안쪽 벤치에서 침낭을 펴고 자다가 커피 파는 아주머니가 내는 달그락 소리에 일어났는데 약간 어슴푸레하게 날이 밝기 전이었거든요. 근데 옆 벤치에 저랑 비슷한 또래의 남자가 자고 있는 거예요. 추운지 발을 이렇게 웅크리고. (웃음) 커피 두 잔을 사서 얘기를 했는데 저하곤 반대로 서울에서 밑으로 걸어 내려가는 분이었어요.

Q: 이○은 샘 같은 분이 또 계셨어요? (웃음)
A: 그러게요. 하하. 그분이 저에게 <갈매기의 꿈>이라는 소설을 선물로 줬어요. 책 여백에다가 자기 생각들을 작은 글씨로 빼곡하게 쓴 거 있죠. 꽤 오랫동안 소중히 간직했는데 미안하게도 지금은 없어졌네요. 아무튼 이러한 과정을 거쳐서 '아, 세상에 무서운 게 없구나. 내가 해보자고 덤벼들면 누가 나를 해치려고 하지도 않는구나. 나는 왜 이렇게 그동안 답답하게 살았을까.' 하고 성격이 완전히 바뀌게 되었어요.

Q: 음악 편곡은 원래 공부하셨던 건가요?
A: 어렸을 때 음악에 정말 심취한 적이 있어요. 하나를 하면 깊게 파고드는 성격이거든요. '음이 왜 이렇게 연결이 돼야 하지?'라는 궁금증이 생겨 이론 공부까지 혼자 해버렸어요. 그렇게 편곡 공부를 했는데, 현재 하고 싶은 일이 됐어요. 물론 지금 업으로 삼으려면 공부를 좀 더 해야겠지만요. 음악은 '이게 일이다'라는 생각이 안 들고 이걸 할 수 있다는 것만으로도 정말 좋거든요.

Q: 대학을 졸업하셨다고 들었어요. 전공이 앞서 말씀하신 음악이나 컴퓨

터 관련이었나요?

A: 아니요. 전공은 토목공학이에요. 컴퓨터 프로그래밍은 중학생 때부터 쭉 하긴 했지만, 이상하게 전공으로는 토목공학을 선택했어요. 컴퓨터가 다 좋은데 사람 에너지를 많이 갉아먹어요. 3박 4일 밤새는 건 우습게 알 정도죠. 잠을 안 자려고 항상 커피를 입에 달고 살았고, 위도, 장도 안 좋아지면서 지치더라고요. 그래서 컴퓨터를 전공으로 선택하진 않았어요. 제가 수학을 꽤 했고 여행도 좋아했잖아요. '전국을 돌아다니면서 벌어먹고 살 게 뭐가 있을까' 생각했죠. 그래서 토목공학을 선택했고 경상북도 상주에 있는 직장을 다니게 됐어요.

Q: 토목공학이라면 어떤 일을 하셨나요?

A: 회사는 대흥종합건설이었는데 주로 교량, 고속도로, 도로 쪽 관련 일을 했었죠. 상주에 하흘면이라는 곳이 있어요. 해마다 수해를 자주 입어서 한번은 회사에서 제방공사를 맡아서 했어요. 저는 측량을 하고 일은 거의 장비가 다 해요. 5km의 제방구간이 있다고 한다면 저는 측량을 해서 어디에 얼마큼 파나가고 얼마큼 쌓고 그걸 점으로 찍는 거죠. 그다음은 장비 기사분들이 알아서 해주시는 거예요. 그 외에 제방 공사하는데 포함된 논이나 밭의 보상 업무를 맡아 했고 인건비, 장비 관련한 서류 업무가 있었죠.

Q: 그 마을에서 지내신 거예요?

A: 산골 동네다 보니 모텔도 없고 마을회관을 내주셔서 거기서 숙식을 했어요. 돌아보면 그때가 가장 여유롭고 정신적인 스트레스도 크지 않았던 평화로운 시절이었던 것 같아요. 인간적인 삶을 많이 봤거든요. 공사

기간 동안 마을 청년회에서 밤마다 "어이, 이 기사. 오늘 한잔해야지."하시고 어느 날은 학교 운동회에 초대도 받고요. 그래서 그날은 저희도 공사 다 접고 함께 가보니까 학교 운동장에 무쇠솥 걸어 놓고 뭔가를 끓이고 있는 거죠. (웃음) 온 동네잔치였어요. 서울에선 보기 힘든 그런 모습을 많이 보고 자연에 거의 묻혀 살다시피 했던 게 정말 좋았어요.

Q: 상주에서 회사를 다니시다가 언제 서울로 올라오셨어요?
A: 제가 한 7년 차 됐을 때, 아버지가 암에 걸리셨어요. 저희 집이 다 서울이거든요. 저도 서울 태생이고. 부모님은 상주에 아무 연고가 없기 때문에 제가 있던 곳에 모시기는 그래서 퇴사를 하고 서울로 왔어요. 저희 형제가 셋인데, 제가 둘째예요. 문제는 형제 둘 다 외국에 나가 있었어요. 국내에 있는 건 저밖에 없고 자식 된 도리로 어머님한테 모든 걸 일임할 수는 없잖아요. 그렇게 서울 집으로 올라온 후 아버지는 몇 개월 후에 돌아가셨어요.

Q: 아버지는 어떤 분이셨나요?
A: 아버지는 조각을 하셨어요. 제가 어릴 때부터 교육을 받았던 게, 억압보다는 자유였어요. 좀 지나치면 방종에 가까운. (웃음) "네가 하고 싶은 거 선택해서 하는 대신 책임은 네가 져야 한다." 이런 말을 들으면서 자유롭게 컸던 것 같아요. 고등학생 때 아르바이트로 교육용 프로그램을 만드는 작업을 하는데 먼저 대학에 진학한 선배 집에서 다 같이 모여서 팀으로 해야 했거든요. 1년간 선배 집에 머물면서 작업하는 것도 뭐라고 안 하셨어요.

Q: 1년 동안이나요?

A: 예. 그때 집이 홍제동이었는데, 그 작업이 완전히 종료되고 나서 집에 갔더니 집이 이사 가고 없더라고요. (웃음) 그렇게 저는 생활을 자유롭게 한 편이에요. 내가 하고 싶은 것, 지금 당장에 할 수 있는 것. 그런 것에 집중을 많이 한 것 같아요.

Q: 그렇게 서울에서 일을 시작하신 건가요?

A: 토목공학 관련 직종을 수소문해 봤는데, 당시 사회적으로 임금체불 문제나 부도 직전의 업체들이 많아서 찾기가 힘들었어요. 다행히 상주에서 회사 생활하기 전 IT 쪽에 알고 있던 지인들이 소개해 주셔서 프리랜서 형태로 일을 하게 되었고, 아는 분을 통해 개인 공사현장 따라다니거나 설계도 외주작업 등의 일을 했죠.

Q: 여러 가지 일을 동시에 하셨네요.

A: 예. 컴퓨터 일은 컴퓨터 일대로 하고 공사현장 일 이외에 다른 일이 있으면 그것도 하고요. 제가 왜 그렇게 살기를 원했는지 이유는 명확하지 않은데, 어떤 직장에 적을 두기보다는 자유롭게 할 수 있는 일을 하며 프리랜서로 사는 것도 괜찮겠다 싶어서 그렇게 살았던 것 같아요. 어쨌든 일은 계속하는 거였고 저축도 하고 있었으니까요. 이렇게 살면 문제는 없겠다 싶었는데, 문제가 그때 발생했죠.

Q: 어떤 문제요?

A: 5~6년 전쯤, 아주 큰 사고였어요. 공사 현장에서 건물 외벽에 돌을 붙이는 작업하던 중이였죠. 건축물 외부에 파이프를 세우고 발판 설치하고

그 위에 돌을 받아놓은 후 붙이는 작업을 하는 것이 순서인데, 그 발판이 굉장히 중요하거든요. 한 장당 40kg씩 나가는 돌을 여러 장 얹어놓고 사람이 다니면서 작업을 하기 때문에요. 그 무거운 돌을 받아 놓고 2인 1조로 작업을 하는데 거기가 3층이었어요. 그런데 제가 투입되기 전 작업하던 사람이 안전점검을 제대로 안 했던 거예요. 발판에 용접 부위가 떨어지고 발판이 무너지면서 추락을 했어요. 3층에서.

Q: 돌판을 옮기다가 추락하신 거예요?

A: 아니요. 붙여나가는 작업 중이었는데, 받아 놓은 돌판들 무게를 견디지 못해 발판이 무너져 내린 거죠. 그래도 다행인 건 그 돌들이 다 제 주위로만 떨어지고 몸 위로 떨어지진 않았다는 거예요. 치아하고 무릎이 다 망가졌죠. 진짜 문제는 거기서부터였어요. 아는 사람 소개로 일하게 된 업체였는데, 이 업체가 명의를 바꾸고 폐업을 하더니 사라져 버렸어요. 보상받을 곳이 없는 거예요. 제 실수도 아니고 안전미비로 일어난 사고였는데 말이죠.

Q: 어떻게 그런 일이…. 업체가 폐업을 했다고요?

A : 예, 문제는 거기서 끝난 게 아니라, 제가 거기서 받아야 될 임금이 7백만 원이었고 다른 사람 것까지 하면 수천만 원 되는 돈을 현장에서 수금 후 잠적해 버린 거예요. 엎친 데 덮친 격으로 제가 모아뒀던 돈과 전세금이 온전히 치료비에 다 나가버린 거죠.

Q: 일용직이어서 산재 처리가 안 된 거예요?

A: 산재 처리 받는 거 굉장히 어렵고 힘들어요. 그래서 처음에 시도했다

가 다 포기했어요. 그래도 사람이 살긴 사나 봐요. 치료비에 생활비까지 지출은 계속 있는데 생산 활동을 못 하니까 경제 문제에 봉착하게 돼서 인터넷에 검색을 해 봤어요. 치료하는 동안에 의탁할 만한 곳이 있을까 해서요. 어떤 교회가 나와서 전화를 했더니, "혹시 장애인이세요?" 그래서 "아, 장애 정도는 아니고요. 다리가 좀 불편합니다." 했더니 "아, 저희는 장애인만 받아요." 하면서 알려준 곳이 숙대 다시서기센터에요.

Q: 그렇게 다시서기센터와 인연을 맺게 되셨군요.
A: 만약에 여기저기 알아봐서 안 됐으면 저도 노숙을 할 수도 있었겠죠. 다행히 다시서기센터를 알게 돼서 여러 가지 지원을 해주시더라고요. 우선은 의식주가 해결이 되니까요.

Q: 센터에서 여럿이 자야 해서 불편하지 않으셨어요?
A: 아무래도 붙어서 자니까 코 고는 소리, 이빨 가는 소리, 잠꼬대 다양하죠. 근데 저는 주위 환경에는 좀 강한가 봐요. 그걸로 스트레스받진 않고 저는 제가 지금 처한 처지, 앞으로 어떻게 살 것인가 그런 걸 생각해야 하는 게 더 힘들었어요.

Q: 센터로 오기 전엔 어디서 지내셨어요?
A: 고시원으로 갔어요. 원래는 병원에 쭉 있어야 하는데, 6개월 정도 있다가 통증이 심해져서 다시 들어갔다가, 그렇게 총 1년 2개월 정도 병원 생활했던 것 같네요. 치료비가 없어서 병원에서 나오긴 했는데, 걷거나 제대로 움직이지를 못해서 하루 종일 갇혀 지냈어요. 그러다가 2019년도 2월 설 연휴 직전에 다시서기센터로 왔어요. 센터 올라가는 경사로 아시

죠? 거기 난간 붙잡고 간신히 올라갈 정도로 심각한 상태였어요.

Q: 일은 아예 못 하신 거죠? 컴퓨터 작업하시던 것도?
A: 예. 아무것도 못 했어요. 컴퓨터 작업도 앉아서 해야 하는데 앉으면 몸 전체가 다 아프니까요. 그렇게 센터에서 지내다가 좀 나아졌더니 자활근로는 한번 해볼 수 있겠더라고요. 또 그 자활근로를 하니까 무료로 의료혜택을 받을 수 있어서 무릎 치료도 받고요. 무릎이 많이 나아졌을 때 공공근로로 옮겨서 일을 하고요. 아직 통증은 있지만 일상 생활하는 데 지장은 없으니까 운도 좋았고 감사하죠. 이게 계속 주어지는 기회가 아니잖아요. 그걸로 열심히 저축을 하고 또 다음 단계를 고민하고 그랬죠.

Q: 성프란시스대학에는 어떻게 지원하게 되셨어요?
A: 공공근로 일자리로 옷방에서 일을 하고 있는데, 그 당시 담당자가 현재 성프란시스대학 학무국장인 마명철 국장님이었어요. 마 국장님이 권유를 했고, 제 주위에 인문학 졸업생들이 많거든요. 저는 제가 앞으로 어떻게 살아야 할 것인가에 대한 생각이 많았어요. 예전과 같은 생활 패턴으로 살기에는 지쳐 있었죠. 내가 살고 싶은 삶의 방식과 당장 해야 하는 일 사이에 오는 괴리감이 컸거든요. 그렇게 살고 싶진 않았어요. 사고 이후 서울역으로 오게 되고 여기서 생활하며 여러 사람들을 만나고 나니까 '어떻게 살 것인가', '저 사람은 무슨 생각으로 사는가'와 같은 고민을 많이 했어요. 내가 정말 하고 싶은 것을 하자는 생각을 했죠.

Q: 이○은 샘이 쓰신 글 중에 "나를 들추고 마주했다... 무채색 삶을 끝내

자. 힘들어도 꿈을 꾸는 인간이 되기로 했다."라는 구절이 정말 인상깊었어요.

A: 찰리 채플린 영화 <모던 타임즈>에 나오는 기계 부품처럼 살아온 거죠. 기계 부품과도 같은 삶을 살다가, 과연 이렇게만 살다가 나는 나중에 만족할 수 있을까? 그런 생각을 많이 했어요. 성프란시스대학 다니면서 생각이 정리되고 정신적으로도 많이 무장이 된 것 같아요. 인문학을 나를 관찰하는 도구로 받아들여서 내 정신적인 문제가 무엇인가, 내 정신적인 상태가 어느 정도인가를 파악하는 데 활용했어요. 독서도 더 많이 하고 철학적인 문제도 고민해 보고, 심리적인 문제도 들여다보고요.

Q: 어떤 수업이 제일 기억에 남으세요?

A: 모든 게 다 좋았어요. 특히 예술사. 아무래도 어릴 때부터 아버지보고 자란 것도 있고 그런 부분에 대한 갈증이 있었나 봐요. 그리고 글쓰기. 글쓰기야말로 하이라이트였죠. 글로 쓰지 않고 생각만 하면 이거 조금 생각하고 저거 조금 생각하다 끝나는데, 글로 쓰면 어떤 생각의 꼬투리를 갖고 계속 써 내려가야 되고, 계속 파 내려갈 수 있게 되잖아요. 과제로는 올리지 않았지만, 정말 많은 글을 쓰면서 생각을 정리하는 데 큰 도움이 됐어요.

Q: 글은 계속 쓰실 거예요?

A: 지금도 쓰고 있어요. 예전에는 몰랐지만 지금은 중요한 과정이라는 걸 인식했죠. 물론 그전에도 수많은 고민을 했겠죠. 사람은 생각하는 동물이니까요. 그런데 내가 무슨 생각을 했지? 어떤 결론에 도달했지? 그 생각을 한 원인이 뭐였지? 허무하게 나중엔 아무것도 생각이 나지 않잖

아요. 글쓰기 과정이 나에게 얼마큼 절실한지, 얼마큼 도움이 됐는지 알기에 지금도 하고 있고 앞으로도 계속할 거예요.

Q: 마지막 질문할까요? 꿈이 있으신지?
A: 꿈? 있죠. '지금은' 있죠. 음악과 그림을 인생이 끝나는 날까지 계속하고 싶다는 것이요. 어느 지점까지 도달하고 말 거야, 이 정도 규모가 되고 말 거야, 그런 게 아니라 지속 가능한 것. 그게 꿈이에요. 거창하진 않아요. 현실적으로 어렵겠죠. 대다수가 많이 포기하고요. 지속 가능하다면 그것만으로도 행복할 것 같아요. 앞으로 또 그쪽으로 가는 게 결코 또 쉽지만은 않을 거예요. 우리가 계획한 대로 다 되는 게 아니잖아요. 하지만 큰 욕심 없이 천천히 그쪽으로 나가려고 해요. 혹시 기억할지 모르겠지만, 우리 처음에 이름 갖고 삼행시 지을 때, 제가 '자신과의 화해', 그런걸 언급했을 거예요. '스스로를 바라보면서 용서할 건 용서하고, 화해할건 화해하고.' 인문학 과정 거치면서, 그 1년 사이에, 그런 과정이 다 일어났어요.

이○은 선생님, 흔쾌히 인터뷰 응해주셔서 감사드립니다. 응원합니다!

우리가 노숙인이지만 노숙인이 아니에요

글 / 김연아
인터뷰어 / 강민수, 김연아
인터뷰이 / 조재광 (인문학 17기)

이분으로 말씀드리자면 동료 선생님, 활동가, 교수님들께서 "결석 한 번 하지 않은 개근생", "사람에 대한 배려심이 가득한 분", "알면 알수록 아이같이 웃는 모습이 예쁜 분", "다른 동료들을 잘 챙기는 따스한 분"으로 인정하신 분입니다. "일 년 내내 수업시간에 가장 눈에 빛이 반짝이셨던 분", "별빛"과도 같은 눈빛으로 매 수업마다 적극적으로 참여하셨다니 얼른 만나 뵙고 싶었습니다.

Q: 선생님, 안녕하세요. 처음 뵙겠습니다. 개근으로 졸업하시다니 정말 대단하시고 축하드려요. 오늘 인터뷰는 선생님께서 쓰신 글을 함께 보면서 진행해 보려고 합니다.
A: 안녕하세요. 제가 글 쓴 것이 별로 없는데…. 아무튼 알겠습니다.

<자화상> - 한국남자999
예쁘고 잘생기고 못생기고/세상의 모든 것은 자기들 모습을 가진다/그러나 그것들은 스스로의 힘으로/자기들 모습을 그린다/둥글고 네모낳고 세모지고/길이가 짧으면 길고 크기도 가지가지/이 모든 자연 속의 모든 것들은/저마다 나 잘났다고 서로에게 시샘을 한다

Q: '한국남자999'라는 말이 독특해요. 어떤 뜻이 담겨 있나요?

A: 이게 원래 제 게임 아이디예요. 아들이 지어줬어요.

Q: 아들이요?

A: 예. 제가 결혼하고 1년 만에 이혼했어요. 아니, 이혼은 나중에 했는데 그냥 집 나와 산 거죠. 아들 하나 있는데, 애는 계속 꼬마였을 때부터 찾아가서 보고 하다가 같이 만날 시간이 없으니까 아들이 "아빠, 그럼 게임 하자" 하더라고요. 그렇게 온라인 게임상으로 만났는데 그때 아들이 아이디를 그걸로 만들어줘서 지금도 쓰고 있는 거예요.

Q: 그럼 <자화상> 이 글은 어떻게 쓰게 되셨어요?

A: 그때 고흐의 자화상 그림을 보면서 공부를 하다가 글짓기를 하라 그래서 했는데, 언뜻 생각한 것이 산 위의 돌멩이도 동그란 게 있고 네모난 게 있고 세모난 게 있고 사람도 마찬가지고 작은 사람, 큰 사람이 있고, 그런 걸 그냥 쓴 거예요. 제 자화상은 아니고, 모든 것은 자기만의 모습이 있다는 것을요.

Q: 마지막 연에 "이 모든 자연 속의 모든 것들은 저마다 나 잘났다고 서로에게 시샘을 한다" '시샘을 한다'는 표현이 재밌어요.

A: 우리도 그래요. 시샘이라는 것이 꼭 나쁜 것만은 아니거든요? 시샘을 내야지 자기가 발전도 하려고 하고. 저도 세수하고 나왔지만 세수하면은 화장품 발라야지, 로션 발라야지, 자기 모습을 서로 나타내려고 한다는 거죠.

Q: 아, 저는 '시샘'이라고 하면 꼭 부정적인 것으로만 생각했어요.

A: 그러면서 발전도 할 수 있잖아요. 선생님이 좋은 안경 쓴 걸 보고 '아, 나도 저거 갖고 싶다.' 생각이 든다면 노력해서 가질 거 아니겠어요?

<별을 보며>

나에게 버릇 하나 있습니다/어두운 밤하늘을 쳐다보네요/반짝반짝 빛을 내는 작은 무리를 보아요/마음이 따뜻하고 편안합니다/힘들고 지칠 때면 위로해주고/기쁜 일 두 손 모아 쓰다듬어주시는/반짝이는 불빛은/저만치 바라보이는 고향집 마음 같아라

Q: 이 시는 생각나세요?

A: 그럼요. 이 시의 제목이 이번 17기 졸업문집 이름으로까지 선정됐어요. 투표해서 '별을 보며'로 하자고 뽑혔어요. 그래서 이번 문집 제목이

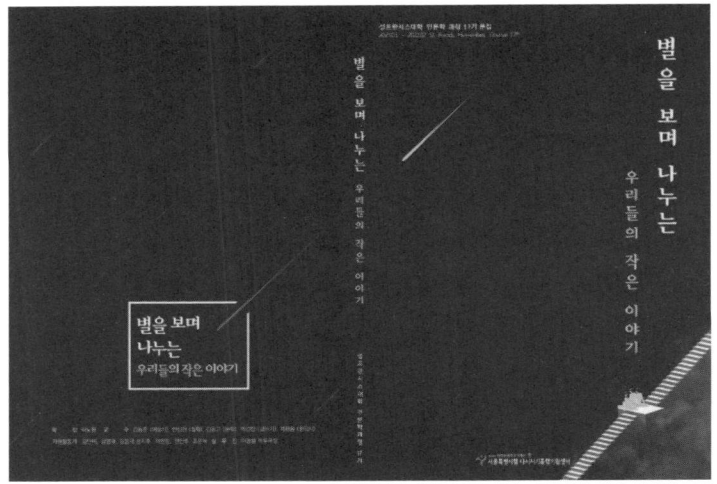

17기 졸업문집 <별을 보며 나누는 우리들의 작은 이야기>표지

'별을 보며 나누는 우리들의 작은 이야기'가 되었네요.

Q: '고향집 마음 같아라'라고 표현하셨는데, 혹시 고향이?
A: 고향은 충주인데, 아버지가 서울에서 직장 다니시면서 어릴 때 올라 왔어요. 창신동 꼭대기, 거기 낙산이라고 있죠? 천막으로 친 집들 있는 달동네였는데 거기서 살면서 초등학교 입학도 했어요.

Q: 이 시는 어떤 생각 하면서 쓰셨어요?
A: 저는 삼 형제의 가운데인데, 어릴 때부터 장난도 짓궂고 해서 많이 혼나면서 컸어요. 집에서 그렇게 밤이고 낮이고 혼나면 갈 데가 어딨겠어요? 그냥 집 마당 장독대에 올라가 하늘 봤던 기억을 떠올렸어요. 낮에 올려다보면 그때까지만 해도 높은 건물이 없으니까 막히는 게 없어서 넓은 하늘에서 막 뛰어다니고 싶고. 내 마음대로 하고 싶고 그랬죠. 밤에는 별을 보고 '내가 뭘 할까' 생각했던 것 같아요. 감수성이 예민할 때. 근데 제가 '고향집 마음 같아라' 라고 쓴 거는 충주에 살던 집 생각하면서 썼어요. 전기도 안 들어갈 정도의 산골짜기에 집이 있었거든요. 집 뒤로는 다 산이고 길도 없던 곳이었어요. 큰집, 할아버지, 할머니 다 계셨어요. 어디 갔다가 집으로 돌아갈 때 차에서 내려서 한참 걸어가다 보면 그 등잔불 있죠? 유리관 속에 조그마한 심지 들어있는 거요. 그 불이 멀리서 쬐그맣게 보여요. 그 불 보고 '아, 아직 안 주무시는구나'하고 생각했던 그 기억으로 '반짝이는 불빛은 저만치 바라보이는 고향집 마음 같아라'라고 쓴 거예요.

Q: <어부바>라는 시에 나오는 '간난 둘째 아들'이 선생님이신 거죠?

A: 맞아요. 명절 때면 집에 가족들이 정말 많이 모였어요. 쭉 모여 앉아서 떡을 해도 이만큼을 해서 손님들 맞이하고 그랬어요. 그러면 어머니가 떡 만드시면서 "내가 이거 팔러 다니느라고 너 업고 다니는데 애기 목이 시계추처럼 왔다 갔다 했다"고 말씀하시곤 했어요. 이 시에 시계추라는 단어를 쓰진 않고 '머리는 좌우로 흔들리며'라고만 했지만요. 이거 쓰고 나서 박경장 교수님이 수업 시간에 읽어 보라고 하셨는데, 괜히 울컥하더라고요. 울 뻔했어요.

Q: 어렸을 때 사셨던 창신동 집에선 언제까지 사셨어요?

A: 그 집은 재개발로 없어지고 부모님 두 분은 지금 의정부에 살고 계시는데 2018년도에 서울역 나오기 전까지 일주일에 서너 번은 집에서 자고 왔다 갔다 했어요. 동네 사람 창피하고, 친척들한테 창피하고…. 제가 아무리 돈을 많이 날렸어도 부모님 사시는 집까진 날릴 수 없어서, 내가 있으면 부모님께 민폐라는 생각에 나오게 됐죠.

Q: 혹시 왜 집을 나가게 되셨는지 여쭤봐도 될까요?

A: 특별한 건 없는데, 이런 얘기 해도 될지 모르겠지만 저는 젊었을 때부터 도박으로 살았어요. 2018년에 서울역 나오기 전날까지도 했다면 말 다 했죠. 이상하게 내가 손 벌리면 다들 돈을 쥐가지고, 이 사람한테 손 벌리고 저 사람한테 손 벌리고 하면서 도박만 한 40년을 한 거 같아요.

Q: 도박이라고 하시면 경마나 포커?

A: 네, 포커나 고스톱. 남들이 하는 토토, 경마는 안 하고 나머진 다 해요.

처음에는 제가 벌어서 했는데 그 돈 다 날려버리고. 근데 또 일은 꾸준히 했어요. 한 달에 4~5백만 원 정도 꽤 벌었죠. 마지막으로 했던 게 택배 일이었거든요.

Q: 그럼 도박할 시간이 없지 않나요?
A: 잠을 못 자죠. 일주일에 두 번은 날밤 새고. 공장도 다녀보고 일은 별거 다 했는데, 진짜 벌어서 도박, 벌어서 도박, 이렇게 40년을 살았네요.

Q: 예전엔 어떤 일을 하셨어요?
A: 요즘엔 정보고등학교라고 하죠. 제가 상고를 졸업했는데 공부를 좀 했나 봐요. 당시 최고의 상고를 나와서 외국계 에이전트 회사에 취직이 됐어요. 무역회사였는데, 그게 잘못된 거였는지, 그때 중요한 자리에 있었는지 월급 외적인 수입이 정말 많았어요. 기업에서 자금부가 돈이 많잖아요? 근데 나는 자금부에 자금 계획표를 넘겨주는 사람이었어요. 그때 당시 제가 과장으로 있을 때 월급이 60만 원이 채 안 됐는데, 월급 외적인 수입이 봉급의 4배 정도였어요.

Q: 인센티브 같은 건가요?
A: 뇌물이라고 봐야죠. 명절이면 구두 상품권 몇백 장이 제 주머니 안에 있고. 근데 그것도 그냥 주는 게 아니라 술 한 잔 먹고 접대 고스톱을 하거든요.

Q: 접대 고스톱이요?
A: 그런 게 있어요. 그냥 주기 뭐하니까. 제가 그러면서 도박을 배웠어

요. 예를 들어, 볼링을 치러 가도 편 먹고 내기를 하는데 내가 있는 팀이 다 이기게 되는 거죠. 그게 잘못됐던 것 같아요. 그냥 평범하게 직장생활 했으면 지금 이 자리까지는 안 왔을 텐데….

Q: 혹시 그런 게 회사에서 걸려서 그만 다니시게 된 건가요?
A: 아, 그건 아니에요. 돈이 그냥 막 들어오니까 그걸 또 다 쓰게 되잖아요. 너무 흥청망청 쓰는 걸 배운 거죠. 그리고 일 자체가 너무 힘들었어요. 선적 관리하는 일을 했거든요. 매주 토요일 컨테이너를 이양해야 되는데, 컨테이너 긴 거 보셨는지 몰라. 버스만 한 거. 버스만 한 컨테이너들 서너 개를 매주 내보내야 해요. 물건을 꽉 채워서. 그러면 토요일에 거의 날밤 새고 일요일엔 자금계획 짜야 되고, 우리 제품이 매일 공장에서 만들어지면 그게 몇 개, 얼마, 이게 수입이 될 거다, 이런 계획 세우는 일을 한 7년 정도 하다 보니 몸이 굉장히 망가졌어요. 그래서 관두고 돈은 많겠다, 시간도 많겠다 해서 본격적으로 도박을 또 한 거죠.

Q: 그때부터 정말로 도박을 시작하신 거군요.
A: 예. 근데 그때 맞보증을 섰는데, 그게 잘못돼서…. 그때 당시만 해도 그게 다 사기죄로 쳤거든요. 신용카드 금액을 1원이라도 안 갚으면 사기죄로 감옥에 넣었어요. 보증 하나가 잘못되니까 여러 군데서 다 치고 나와서 죄목이 한 열몇 가지가 되는거죠. ○○사기, ●●사기, ☆☆사기, 이런 식으로요. 그때 감옥생활도 좀 했어요.

Q: 감옥생활까지요?
A: 그때가 90년대 초였는데, 요즘은 그런 걸로 감옥 안 가잖아요. 요즘

신용카드 금액 연체했다고 감옥 가는 사람이 어딨어요. 근데 그땐 그랬어요. 아무튼 감옥 나와서 이제는 도박도 끊고 열심히 살자 해서 공장에 취직했거든요. 그런데 거기가 또 도박 공화국인 거죠.

Q: 어떤 공장이었나요?
A: 참, 진짜 그때 그 일을 어떻게 했는지 모르겠어요. 거기가 가죽을 다루는 공장이었어요. 우리가 생각하는 이런 원단이 아니고, 소에서 직접 벗긴 거, 돼지에서 직접 벗긴 거 있잖아요. 그러면 그 가죽 한 장 무게가 보통 30kg이에요. 그 미끄덩미끄덩한 게. 기름도 묻고. 그걸 이제 집어던지고, 집게로 이렇게 던지고 야구하듯이 던지고. 그걸 제련해서 우리가 쓰는 가죽을 만드는 거예요.

Q: 선생님은 그때 어떤 일을 하셨어요?
A: 잡부죠. 염색을 좀 배워보려고 했다가 너무 힘들어서…. 일이 너무 고되니까 술을 진짜 많이 먹었어요. 근데 다 기름투성이니까 면장갑 끼고 그 위에 고무장갑을 끼고, 또 그 위에 면장갑을 껴서 일을 했거든요. 그러면 속에 기름이 다 묻어갖고 어떻게 하질 못하는 거예요. 술은 어떻게 종이컵에 따라 먹는다지만 안주를 못 집어먹잖아요. 그러면 왕소금을 바닥에 조금 떨어뜨려 놓고 혓바닥으로 왕소금 안주해서 깡소주로 먹는 걸 배웠어요. 거기 있는 분들이 다 그렇게 먹으니까 그렇게 할 수밖에 없는 거죠. 몸은 몸대로 다 망가져서… 지금 몸은 바람만 불어도 날아갈 그런 몸이 돼버려서…, 근데 서울역 와서 딱 한 가지 좋아진 게 도박을 안 한다는 거예요.

Q: 여기 서울역도 도박하는 데 있지 않아요?

A: 아예 쳐다도 안 봐요. 술도 끊었어요.

Q: 엄청난 변화인데요?

A: 술 끊은 건 자의는 아니에요. 여기 보면 상처 있죠? 이게 식도가 잘못 돼서, 큰 건 아닌데 더 이상은 먹으면 안 된다고 해서 끊어야 했죠. 일단 은 열심히 살아보려고는 하는데, 되어 가고는 있어요. 제가 여기 올 때만 해도 이렇게 다른 사람과 얘기한다는 것은 상상도 못 했는데, 지금은 그 래도 얼굴이 밝아진 거예요.

Q: 지금 엄청 밝아 보이세요.

A: 여기서 사람들이 돈이 없다 그러는데, 돈이 없는 게 아니에요, 그냥 한 달 벌어 한 달 쓰는 것이긴 하지만, 나 이런 동네가 있는지 처음 알았 어. 여기 오자마자 상담받고 바로 첫날 안경, 틀니, 고시원, 자활근로 하 루 만에 그게 다 신청이 되더라고요. 근데 자활 75만 원 받는데 돈이 남 아요.

Q: 어떻게 돈이 남아요? 술 안 드시고 담배 안 피워서 그러신 거 아니에 요?

A: 아니요. 담배는 피워요. 담배는 피우는데, 술 안 먹고 일단 우리가 먹 는 데 쓰는 비용이 크잖아요. 근데 여기저기서 다 밥을 주니까 굶지 않고, 옷도 다 주니까요. 그래서 돈이 남아요.

Q: 다시서기센터에 대해서는 어떻게 아셨어요?

A: 집 나온 날, 한강을 갔어요. 동작대교 밑에서 노숙인들이 술을 먹고 있더라고요. 한 잔을 얻어먹다 보니까, 왜 여기 오냐고. 여기 오지 말라고. 여기 잘 데도 없는데 뭘 오냐고. 그럼 어떡하냐 하니까, 서울역으로 가라고. 그래서 서울역 온 거예요. 여름이었고 밤 9시 정도에 서울역 계단에 앉아서 밤을 새려고 하니, 못 있겠더라고요. 그때 서울역 희망지원센터 가서 하룻밤만 재워 달라고 했죠. 그랬더니 거기서 숙대 다시서기센터를 알려줘서 그다음 날 상담받게 된 거예요.(*편집자 주: 서울역 희망지원센터는 다시서기센터의 현장대응센터이다. 잠을 자는 일시보호시설은 숙대입구역 1번 출구 다시서기센터 안에 있다.) 근데 딱 이틀 잠을 자고, 더 이상 거기서 못 자겠어서 집에 살짝 들어가 센터나 관련된 제도에 관해 공부를 하고 계획을 세워서 나왔어요.

Q: 계획이라는 게 구체적으로 어떤 걸까요?
A: 일단 가서 임시주거를 받고 자활근로 하면서 살자. 무료급식소 어디 있고, 뭐 어디 있고 이런 것들을 다 공부해서 나온 거죠. 그렇게 지낸 것이 4년이 되었네요. 제 나름대로의 철학도 갖게 되고 남들한테 피해 안 주니까 밥 얻어먹는다는 게 굳이 나쁜 것만은 아닌 것 같아요. 나 같은 사람들도 많은데 몇 년 뒤에 잘 돼서 나가면 우리는 사회에 고마운 것이고. 이런 데가 어딨어요. 언제 독립해서 나갈지는 모르지만 지금 정말 잘 살고 있습니다. 빚도 갚아 나가고 있고요.

Q: 빚이 좀 있으세요?
A: 예. 예전에 맞보증 섰을 때 안 갚은 게 서울보증에 있어서요. 거의 탕감 받았는데, 남은 것은 앞으로 8년 간 한 달에 28만 원씩 갚기로 했어요.

만약에 몸 아프고 일 못 하면 파산 신청하는 방법밖에 없긴 한데, 지금은 파산하기 싫어서 갚아나가자고 생각했습니다.

Q: 성프란시스대학은 어떻게 신청하게 되셨나요?
A: 아까 제가 자활을 해도 돈이 모인다고 했잖아요? 2018년도 지나고 2020년도쯤 되니까 돈이 몇백이라도 모이면서 마음에 여유가 생기기 시작했어요. 주머니에 돈이 생기니까 마음이 풀어지고 뭔가 하고 싶은 욕구가 생기는 거 있죠. 예전 같으면 쳐다도 안 볼 금액에 감동을 하고요. '안 쓰면 이렇게 좋아지는구나'를 배웠고, '내 통장을 가져야겠다' 생각해서 신용회복위원회에 신청을 했고 주위 정리를 조금씩 해나가다 보니까 성프란시스대학 공고가 눈에 들어오더라고요.

Q: 인문학을 공부한다고 했을 때 어떤 생각을 하셨어요?
A: 그냥 나는 처음에 '입문학'이라고 들어서, 학문에 들어가는 단계로 입(入)자를 쓴 줄 알았어요. 근데 찾아보니까 사람 인(人)자를 쓰더라고요. 1년을 하고 나니 내가 대면 수업이든 온라인 수업이든 안 빠지고 하는 걸 봤는지 세 사람이나 제 추천을 받아서 18기를 하겠다고 지원을 했어요. 제가 또 나쁜 짓을 안 하잖아요. 술도 안 먹고 남한테 피해도 안 주고….

Q: 숙대 센터 가서 뵙는 분들께 추천하시는 거예요?
A: 예, 센터에서 만나는 분들께 나쁜 거 아니니까 그냥 재미로 하라고. 공부하는 게 아니라 재밌게 하다 보면 된다고. 그리고 서울역에서 무의미하게 여기 왔다 갔다 해봐야 남는 게 없잖아요. 제일 중요한 게 밥도 준다, 저녁밥. 하면서 이렇게 얘기를 하다 보니까 공감들을 또 해요. 그리고

제가 '졸업을 맞이하며'라는 글에 썼는데, 소속감, 연대감을 가지면은 마음이 편해져요. 내가 어딘가에 속해 있다는 생각을 갖게 되면, 스스로도 조심하는 법을 배우게 되고, 길 가다가도 자랑스럽게 "응, 나 인문학 가." 말 할 수도 있고요. 저는 인문학을 갈 때 진짜 재미를 느끼면서 갔어요. 우리가 7시에 시작을 하는 데 저는 한 3, 4시쯤 갔거든요.

Q: 일찍 가서 뭐 하셨어요?
A: 커피 한잔하고 있다가 마 국장님하고 둘이 도시락 가지러 갔어요. 와서 펼쳐놓는 거 도와드리고, 그런 게 재미더라고요. 그러면 사람들이 와서 또 먹고, 6시 되고, 그러면서 버텼나봐요.

Q: 기억에 남는 수업이 있을까요?
A: 우리 김응교 교수님 어느 날 문학 한다고 오셨는데 갑자기 BTS 얘기를 하시는 거 있죠. 방탄소년단을 우리는 모르잖아요. 그런 노래는 들어보지도 못했죠. 근데 이 노래가 좋고, 저 노래가 어떻고. 그래서 짜증을 냈던 기억이 있어요. 그 노래 하나하나에 숨은 뜻이 있다는 것을 계속 듣다 보니 나중에 조금은 귀에 들어오더라고요. 우리는 아무래도 트로트에 젖어 있다 보니까. 18기 들어오는 선생님들 고생 조금 하실 것 같아요. (웃음) 그런데 김 교수님이 나중에 저희 다 불러서 삼겹살 사주셨어요. 그래도 언젠가는 말씀드릴 거예요. 너무 BTS 틀지 말라고. (웃음)

Q: 글쓰기 수업은 어떠셨어요?
A: 어려웠습니다. 말을 만들질 못하겠어요. 어떤 분은 다음카페에 엄청나게 많이 올리는데, 나는 올릴 게 없고, 댓글도 잘 못 달고요.

<하루>
오전6시40분 무거운몸을이끌고 동굴같은방을나선다
힘차게 서울역광장을향하여걸으면서 뭉게구름 한조각을 내뿜는다 광장에는 어제와똑같은모습과
새로운 인파들사이에서 광장자동판매기커피를마신다
따뜻함이 내속을진정시킨다 저멀리 광장에서자주보았던 반가운얼굴이 밤새안녕하냐고 미소를띄운다 한시간여
뒤 서울역에서몇년사귄반가운
친구와 아침식사를 채움터옆해장국집에서 순대국한와보쌈정식을시켜맛있게먹었다
그뒤얼마간 서울역광장을공원삼아왔다갔다
다리운동을하였다 그런뒤 다시서기센터를가서
몸을깨끗이하고 남영동 아름다운가게에가서 눈쇼핑을
하고 이것저것만지며시간을보냈다
오후3시 나의일과중제일중요한 다시서기식당청소와
설거지를한다 우리다시서기센터식구들 저녁배식준비를하며 저녁식사때 즐거워할센터식구들
개개인의마음을들여다본다;고기좀더주세요;
;김치좀더주세요;항상웃는얼굴의그들이반갑다
오후7시 일과를마치고 고시원동굴로들어간다
나는 걸어온오늘하루를돌아보며동굴속에묻힌다

[편집자 주 : 나름의 리듬에 따라 띄어쓰기가 되어 있다고 보아, 그 효과를 살리기 위해 띄어쓰기 교정을 보지 않았다.]

Q: 박경장 교수님이 '마구쓰기' 하라고 하시잖아요.

A: 마구쓰기도 너무 '마구' 쓰면 안 되고 어느 정도 맞춰줘야 해요. (웃음) 글쓰기를 그동안 안 했잖아요. 몇십 년 동안 볼펜도 안 잡아봤는데. 자꾸 써보라고 하시니까 쓰기는 썼죠. 머릿속에서는 맴도는데 글이 안 돼요. 그래서 일상 속에서 다니다가 생각날 때마다 적어보려고 하는데, 제대로 실행은 잘 안되고 있어요.

Q: 근데 박경장 교수님이 선생님에 대해서 좋은 말씀만 해주셨는데요?

A: 아, 졸지는 않고 이렇게 처다는 보고 있으니까요. 근데 손은 딴짓하고 있었죠. (웃음) 그래도 시 <하루>는 하루를 솔직하게 잘 적었다고, 나쁘다고 안 하셨어요.

Q: 선생님께 성프란시스대학이란 어떤 의미일까요?

A: 그동안 한 40년 살아오면서 마무리 지은 게 없었어요. 조금 하다 말고, 조금 하다 말고 그랬는데, 성프란시스대학은 짧은 기간이지만 내가 입학할 때 분명히, 면담하면서 개근은 꼭 하겠습니다, 약속을 했거든요. 근데 그걸 지켰다는 것을 최고로 치죠.

Q: 앞으로 또 계획이 있으실까요? 이미 많이 이루셨지만요.
A: 있죠. 이제 임대주택이라도 얻어서 나만의 공간을 꾸미고 싶어요. 여태까지는 공장의 기숙사니, 보증금 없는 시골방이니 이런 곳에서 살다가 내 집이 생기는 거니까요. 거기가 이제 마지막 사는 곳이 될 것 같아요.

Q: 마지막으로 하고 싶으신 말씀?
A: 후원하시는 분들께 큰 것을 바라는 것은 아닌데, 저희 17기에는 아무런 기업 후원이 없어서 참 아쉬워요. 우리가 노숙인이지만 노숙인이 아니잖아요. 살기 위해 노숙 상태에서 벗어나려고 그러는데 단지 돈이 없을 뿐이지. 조금만 도움을 받으면 일어서실 분들이 많아요. 제발 '신문지상에서 얘기하는 그런' 노숙인으로 보지 말고 돈이 없는 가난한 사람으로 그렇게 생각을 해줬으면 좋겠어요. 여기 술 먹고 쓰러져 있는 사람, 몇 사람 안 되잖아요. 근데 같이 뭉뚱그려갖고 취급을 하니까. 그것만 좀 생각해 주셨으면 좋겠어요. 예전처럼 봉투작업하는 작업장 같은 곳이 있었으면 좋겠어요. 작업장 생긴다 하면 그래도 한 2~30명은 매달릴걸요. 그만큼 이 사람들도 뭔가를 하려고 한다는 거죠. 그러니까 인터뷰하시는 선생님들께서 어떻게 잘 얘기해서 마련을 좀 해주세요. (웃음)

장시간 인터뷰 함께 해주신 한국남자999님, 감사드립니다.

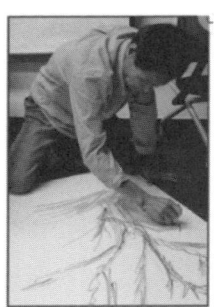

웹진 제 15호

그리듯이 사는 삶, 아까운 사람 김순철

글 / 성지후
인터뷰어 / 성지후, 박석일
인터뷰이 / 김순철(인문학 18기)

이번 호 인물 인터뷰의 주인공은 성프란시스대학 18기 김순철 선생님입니다. 선생님의 손과 마음을 거친 글과 그림을 볼 때면 혼자 떠돌며 마주한 선생님 안에 차곡차곡 쌓인 세상이 궁금해지곤 했습니다. 긴장되고 들뜬 마음으로 선생님과 마주 앉았습니다. 영화가 시작되기 전 감도는 기대감과 함께였습니다.

Q: 선생님 소개 부탁드려요.

A: 저는 학교(성프란시스대학) 들어오기 전에는 아무것도 아니었어요. 그
냥 떠돌이에 알코올 중독자 행패쟁이었어요. 그런 사람이 인문학에 들어
와서 180도 완전히 바뀌었어요.

Q: 그 말을 들으니 처음 선생님과 대화한 날이 생각나요. '저는 심각한 알
코올 중독자였는데 지금 많이 변했어요. 수업 들으려고 술을 많이 자제
하거든요. 주변에서 다 놀라요'라고 하셨잖아요?

A: 예전에는 한 번 마시기 시작하면 사회복지사님이 와도 문도 안 열어
주고 계속 마셨는데 지금은 음주 습관이 완전히 바뀌었어요. 혼자가 아
니라 같은 외로움을 지닌 동료들과 같이 마시다 보니 술에 대한 좋은 감
정까지 생겼다고 할까요.

Q: 와! 그때도 담담하고 솔직한 자기고백이 인상적이고 감동적이었는데.
또 하나 '순철이는~' 라고 스스로 성함을 부르시는 모습이 참 보기 좋았
지요.

A: 사람들과 친해지고 싶은 마음에 그렇게 하는 거 같아요. 내 이름을 기
억해 주면 좋으니까.

Q: 성프란시스대학에 오시기까지 선생님의 인생 여정을 많은 분들이 궁
금해하세요.

A: 내가 교수님들께 뻥을 쳤어요.

Q: 뻥이요?

A: 내가 부모님 얼굴을 모른다고 했는데 어머니 얼굴은 모르지만, 솔직히 아버지는.... 진짜 나빴어요. 고흐(반 고흐)가 아버지한테 구박당한 것처럼 나도 그랬어요. 나한테는 악마였죠.

Q: 아버지를 기억하시는군요?
A: 우리 아버지가 나처럼 떠돌이 생활을 하다 서울에서 우리 어머니를 만나 나를 임신했는데 능력이 없으니 고향 보성으로 같이 내려오셨어요. 내가 3살이 됐을 때 아버지 앞으로 영장이 나와 군대를 가야 하니 아버지 자존심에 어머니에게 서울 친정에 가 있다 제대하면 오라고 했대요. 어머니가 어린 나 때문에 버텼는데 아버지의 폭행이 너무 심해지자 도망치듯 집을 나가 버리셨다고 할머니가 그러시더라구요. 어머니 생사는 몰라요.

Q: 그런 사연이 있었군요. 그럼 아버지가 군에 가시고는 누가 돌봐 주셨나요?
A: 할머니랑 큰 집에서 살았어요. 근데 큰 집도 가난해서 할머니가 눈치를 많이 보셨대요. 아버지는 제대하고 동네 여기저기 머슴살이를 했대요. 나는 8살 때까지 할머니랑 살다가 아버지가 재혼하면서 아버지랑 새어머니랑 살기 시작했어요. 새어머니는 나보다 10살 많았는데 저를 친자식처럼 정성껏 잘 보살펴주셨어요.

Q: 다행이네요.
A: 근데 9살 때 동생이 태어나면서 드라마처럼 완전 바뀌어버렸어요. 내 존재 자체를 보기 싫어하더라고요. 아버지는 어린 아내가 얼마나 소중했

겠어요? 어머니가 나를 싫어할 때마다 나한테 고통을 주는 거예요. 겨울에 그 추운 날 옷 다 벗기고 밖에 끌고 나가 찬물을 막 뒤집어씌우고 그랬어요. 어리니까 도망도 못 가고 그냥 붙어살았죠.

Q: 얼마나 무서우셨을까요.
A: 밥을 안 주다시피 하니 동네 고구마밭 뒤지고 학교도 못 가고 말썽이나 피우고 다녔죠. 우리 할머니가 도저히 안 되겠다 싶어 저를 다시 큰 집으로 데리고 갔어요.

Q: 할머니 마음이 많이 아프셨을 거 같아요.
A: 고모가 그러시더라고요. 내 머리카락 하나하나 뽑아서 갚아도 할머니한테 다 못 갚을 거라고. 그런데 아버지 폭력은 끝나지 않았어요. 명절날 친척들이 모여 술 한 잔씩 들어가면 큰아버지, 작은아버지가 우리 아버지한테 뭐라고 하는 거죠. 순철이 저렇게 놔둘 거냐고 그러면 그 화풀이가 저한테 돌아와요. 그날도 친척들이 아버지한테 뭐라고 하니까 아버지가 갑자기 와서는 저를 들어서 바닥에 패대기를 쳤어요. 짜부라진 개구리 같았죠. 지금도 그 기억이 생생해요. 그때 생각했어요. 나중에 크면 꼭

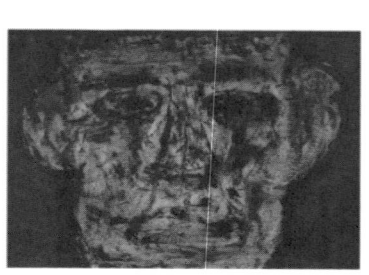

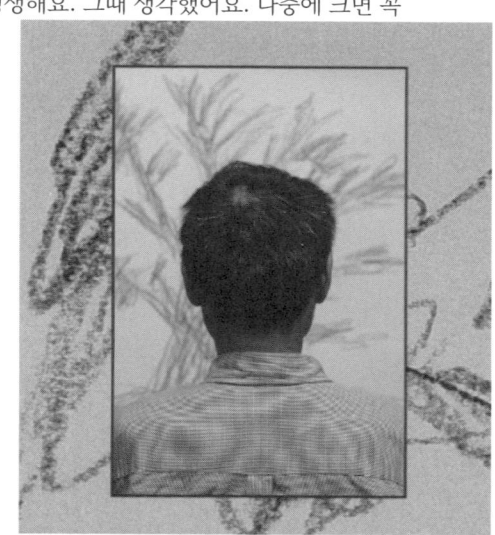

죽여버리겠다.

Q: 9살에 그런 생각을 하셨어요?

A: 네. 내가 크기만 하면 꼭 죽여버리겠다는 생각으로 이 악물고 살았어요. 그 일이 있고 이장님 댁에 꼬마머슴으로 들어갔어요.

Q: 꼬마 머슴이요?

A: 옛날에는 부잣집에 머슴이 있었어요. 난 상머슴 밑에 꼬마머슴으로 들어갔죠. 문 열면 소하고 소 죽 끓이는 가마솥이 있는 행랑에서 지냈어요. 이장님이 학교는 보내주셨는데 학교 가는 척 나와서 다리 밑으로 여기저기 다녔어요. 도시락이 없으니 가기도 싫고. 갔다 안 갔다 하며 12살까지 머슴살이를 했어요.

Q: 도시락을 못 싸 가셨으면 점심시간에는 어떻게 하셨어요?

A: 내 최종학력이 초등학교 4학년인데 네 분 선생님 이름을 다 기억해요. 그 선생님들이 뚜껑에 친구들 밥 한 숟가락씩 퍼다가 줬어요. 그때는 한반에 60명이 넘을 때라 한 숟가락씩 모으면 친구들 밥보다 더 많아졌죠. 나중에는 그것도 자존심 상하더라고요.

Q: 이장님 댁에 계실 땐 가족들과 왕래가 있었나요?

A: 할머니도 아버지도 만나지 않고 동네 다니면서 말썽이나 피우고 그렇게 살았어요. 그러니 내가 한 것도 안 한 것도 다 내가 한 게 되어버리는 거죠. 나보다 겨우 한두 살 많은 동네 형들이 벌써 담배 피우고 그랬는데 그 형 들한테 괴롭힘당하고 그렇게 지냈어요.

Q: 이장님 댁 이후는 어땠어요?

A: 집안 어른 중 한 분이 양복점을 하셨는데 저한테 양장 기술 가르치려고 저를 데려가셨어요. 바지 밑단 뜨는 거부터 배웠어요. 그 집 애들이 나랑 동갑이었는데 걔들은 가방 메고 학교 갈 때 나는 코 묻은 손으로 바짓단 뜨는 거예요. 바지에 콧물이 다 묻으니 혼나기도 하고 그렇게 1년이 지나도 실력이 안 는다고 쫓아내더라구요. 다시 시골로 돌아왔지요.

Q: 시골이라면 어디 말씀이세요?

A: 고향 동네에 동갑 여자 친구가 있었는데 그 집에 방이 되게 많았어요. 우체부 하시던 친구 아버지가 저를 불쌍하게 보셨는지 방 하나를 내줬어요. 가만히 있을 수만은 없으니 나무도 하고 군불도 때면서 버티고 살았어요. 그러다 눈치가 보이기 시작할 때쯤 14살 되던 명절에 백씨 아저씨라는 분이 찾아와서 같이 가자고 하더라구요. 먹여주고 재워준다 하면 무조건 가는 거죠. 누가 데려가든 죽이든 살리든 부모는 신경도 안 쓰고 할머니는 제 얼굴 보면 마음이 아프니까 안 보고 살 때라 혼자인 거보다 나으니 따라가는 거죠. 그렇게 간 곳이 대전에 있는 중국집이었어요.

Q: 중국집 생활은 어땠어요?

A: 글은 내 이름 석 자밖에 모르고 오토바이는커녕 자전거도 못 타니 걸어서 배달을 했어요. 주방장이 국자로 머리를 때려도 기술 배워야 하니 참아야 했지요. 그때 초등학교 시절 나에게 잘해 주셨던 선생님들한테 대전에 일하러 왔다고 편지를 썼어요. 글을 모르니 주방장님이 대신 써 주셨죠. 선생님들이 답장도 해 주셨어요.

Q: 고향에는 안 가보셨나요?

A: 3년 지났을 때 아버지가 찾아왔어요. 아버지는 사장한테 그동안 일시킨 월급 달라고 하고 사장은 자전거도 못 타고 글씨도 모르는 걸 먹여주고 재워줬는데 무슨 돈이냐고 서로 도둑놈이라 그러면서 대판 싸우는데… 이러니 내가 아버지에 대한 기억이 없다고 아버지 모른다고 한 거예요.

Q: 인터뷰를 해야만 알게 되는 얘기네요.

A: 사장은 돈도 안 주고 그렇다고 나를 데리고 갈 수도 없으니 아버지는 그냥 가버렸어요.

Q: 중국집에서 일하실 때 양자로 들어갈 기회가 있었다고 들었어요.

A: 네, 단골손님 중 충남대 교수님 부부가 있었는데 그분들이 자식이 없었어요. 저를 마음에 들어 하셔서 사장님한테 양자 삼고 싶다고 하셨나 봐요. 근데 할머니가 안 된다고 해서 못 갔어요.

Q: 그때 교수님 댁으로 가셨다면 어땠을까요? 성프란시스대학의 학생이 아닌 교수님이 되어 있을 수 있었을 텐데 저는 조금 아쉽습니다.

A: 인생의 좋은 기회일 수 있었는데 놓친 거죠. 18살 때 보성에 명절 쇠러 왔다가 고향 여자 친구가 부천에 일하러 가자고 하더라고요. 그때는 여자들이 초등학교 졸업하고는 공장으로 가던 때라 그 친구 따라 신발 깔창 공장에 들어갔는데 6개월 만에 망해버렸어요. 갈 데가 없으니 부천역에서 방황하다 서울로 왔어요.

Q: 그때 서울로 오신 거군요.

A: 서울에 와도 갈 곳이 없으니 영등포역 근처에서 서성대다 연신내 근처 갱생원에 잡혀갔어요. 전두환 때였는데 이유도 없이 무조건 잡아다가 가둬버려요.

Q: 갱생원이면 당시 삼청교육대 같은 건가요?

A: 네. 비슷해요. 먼저 가족한테 연락을 하고 데리러 오는 사람이 없으면 '실미도' 옆 '선갑도'라는 섬에 보내 버렸어요. 거기 끌려가면 죽는다는 걸 갱생원에 있는 사람들이 다 알았어요. 전 이문동에 살던 고모가 데리러 와서 6개월 만에 나왔어요.

Q: 다행이네요.

A: 일단 고모집에서 지내며 공장에 취직을 했어요. 근데 그때 내가 한창 피가 들끓을 때라 얼마나 난폭했는지. 아버지와 사회에 쌓인 것들이 분출되기 시작한 거죠. 같이 일하던 형들이 감당이 안 되니 잠재워 보려고 술을 먹이기 시작했어요. 아~그때 옆 봉제공장 '막내'라는 아가씨를 짝사랑하게 됐지요. 어느 날 술을 마시고 찾아가서 만나자고 하고는 안 나오면 박카스 병으로 내 손을 찍어버리겠다 협박을 했어요. 다음 날 약속장소에서 몇 시간을 기다려도 안 나오더라고요. 속상해서 그날 저녁 술을 마시고 옆 테이블에 시비를 걸어 경찰서까지 갔어요. 나중에 들으니 막내는 공장을 그만뒀더라고요.

Q: 좀 천천히 부드럽게 다가가셨으면 좋았을 텐데요.

A: 아버지처럼 강압적으로 세게 나가야 상대가 말을 들을 거라고 생각했

어요. 뭘 몰랐으니까요. 그러다 20살이 됐을 때 영장이 나왔다고 당시 나주에 살던 아버지한테 연락이 왔어요. 주소지가 아버지 밑으로 되어 있으니 그리로 나왔던 거죠. 학력이 없으니 현역이 아니라 국민기초교육 3주를 받으라고 하더라고요. 앙금은 남아있었지만 3주만 지내면 되니까 아버지 집에 머물며 교육을 받았어요.

Q: 교육을 다 받고 다시 서울 고모 댁으로 오신 거예요?
A: 네. 이문동에 방을 하나 구하고 봉직 공장에 들어갔어요. 가보니 공장에 고향 친구들이 몇 명 있더라고요. 그 친구들하고 나쁜 장난도 많이 쳤어요. 그때는 월급 안 주는 공장들이 많았어요. 월급 안 주면 다른 공장이나 식당으로 옮기고 잡아주는 사람도 없으니 하기 싫으면 그만두고 그렇게 살다 88년 25살 때 오징어잡이 원양어선을 탔어요.

Q: 배에서의 생활은 어떠셨어요?
A: 힘들었죠. 그래도 1년 일하고 나니 퇴직금 포함 860만 원 정도 됐어요. 내가 통장이 없으니 회사에 보관하고 있다가 200만 원을 먼저 주더라고요.

Q: 와! 그 돈으로 먼저 무엇을 하고 싶으셨어요?
A: 그때만 해도 아버지를 용서하고 싶었어요. 내가 미워서 그런 건 아니었겠지. 그럴 수도 있지 그런 마음이 들더라고. 50만 원을 들고 아버지한테 갔어요. 그동안 자식 노릇도 못 했는데 제주도 한번 다녀오시라고 드렸어요.

Q: 그러셨군요.

A: 말없이 받으셨어요. 근데 아마 죄책감에 괴로우셨나 봐요. 이복동생들하고 자고 있는데 술 드시고 들어오시더니 '부모 없이 배 타는 놈 자식도 아니다'라고 하시면서 나한테는 못하고 새어머니하고 동생들한테 화풀이를 하시더라고요. 물건을 막 집어 던지고 폭력까지 쓰면서...그때 어린 시절 트라우마가 살아나서는 눈이 확 뒤집혀 버린 거예요. 가위를 가지고 와서는 아버지 목에 누르고 그만하라고 욕을 했어요.

Q: 미안하고 안쓰러운 마음을 그렇게 표현하신 거 같아요. 그 뒤로 아버지를 못 보신 거예요?

A: 네. 욕을 하고는 잘 먹고 잘살아라. 하늘 아래 내 아버지는 없다 생각하고 살겠다. 하고는 나와버렸어요. 그랬더니 만 원짜리 50장을 마당에 뿌리면서 '가져가, 새끼야!' 그러더라고. 뒤도 안 보고 나왔어요. 그 뒤 조폭 조직에도 1년 정도 있었고 막노동도 하고 식당 일도 했어요. 인력회사에서 보내주는 곳이면 다 갔어요. 광주 아시아자동차 하청, 여수 양식장, 목포 조선소를 전전하며 살았죠.

Q: 처음 소개하신 대로 떠돌이 인생이었네요.

A: 다시 서울로 와서는 창신동 젤 꼭대기에 방을 얻고 처음에는 식당 일을 했어요. 그러다 2015년 인력회사 통해서 일용직 나갔다가 큰 돌이 왼쪽 손목을 덮치는 사고가 났어요. 처음에는 아픈 줄도 몰랐어요. 도마뱀 꼬리는 잘리고 나서도 한동안 달달달달 떨리잖아요? 그것처럼 손이 한동안 달달달달 떨리더라고. 한 30분 지나니까 그때부터 통증이 시작되는데 온몸이 무겁고 팔은 못 들겠고 땅에 쭉 가라앉아 있어도 사람들이 쳐다

보기만 하는 거야. 노가다꾼들이 원래 무덤덤해요. 또 원래 내 몫이 아닌 일을 시키다 그랬으니 책임지라고 할까 봐 무서웠겠지. 병원에 가서 엑스레이 찍고 진료를 봤는데 약 먹으면 괜찮아진다는 거야. 지금 생각하면 돌팔이였던 거지.

Q: 현재 팔 상태는 어떠세요?
A: 장애 6급을 받았다가 장애 급수가 없어지면서 지금은 경증 장애로 등록되어 있어요.

Q: 그 후로는 일을 못 하시게 된 거죠?
A: 그 뒤로 일도 못 하고 불안하고 우울하고 병 수준으로 예민해져서 싸움꾼이 되어버렸죠. 고시원 사람들과 자꾸 싸우다 보니 한 달 동안 세 번 쫓겨난 적도 있어요. 그때부터 기초수급 받으며 술만 먹는 쪽방 생활이 시작된 거죠.

Q: 10년 전쯤인 거죠?
A: 네. 10년 전 종로에 있을 때 내가 집중관리 대상이었어요. 사회복지사님들이 고생 많이 하셨죠.

Q: 성프란시스대학도 사회복지사님이 추천하셨다고 들었어요.
A: 지금은 중구에 살지만 종로에 있을 때부터 인연을 맺은 최봉영 간사님이 알려주셨어요. 천주교 재단에서 운영하는 쪽방자치위원회 책임자이신데 정말 천사 같은 분이에요.

Q: 추천을 받았다고 해도 지원하고 면접 보려면 큰 용기가 필요했을 텐데요.

A: 간사님이 저를 믿고 추천해 주시니 감사해서 일단 가보겠다고 했죠. 4명을 추천해서 같이 면접을 봤는데 저만 합격했어요.

Q: 면접은 어땠어요?

A: 알코올에 완전히 찌들은 데다 우울증도 심할 때라 낯설었죠. 그때 박한용 교수님이 저한테 질문을 많이 하셨어요. 그러더니 마지막에 "학교 들어오면 술도 끊고 우울증약도 끊을 수 있어요. 할 수 있어요!" 그러면서 희망을 주더니 합격시켜 주시더라고요.

Q: 그 말씀에 용기를 얻으신 거예요?

A: 사실 처음엔 안 믿었어요. 내가 남의 말은 절대 안 믿어요. 알코올중독이 심하면 의심병이 생기거든요. 근데 이젠 그 말이 맞구나~! 생각해요.

Q: 그런데 선생님 학기 초 5주 동안 학교에 안 나오셨어요?

A: 막상 가려니 두렵더라고요. 글씨도 모르고 띄어쓰기도 못 하는 나 같은 알코올 중독자가 뭘 하겠어? 그런 생각이 들고 대학이라는 단어가 낯설고 무서워서 할 수 없겠다는 생각이 들었어요. 그러고는 또 방에 틀어박혀 외톨이가 되니 외롭더라고요.

Q: 그랬을 거 같아요. 어떻게 다시 나오시게 됐어요?

A: 외롭고 심란해서 안 되겠다 싶어 막걸리 몇 병 배낭에 넣고 한강 따라 무작정 걸었어요. 걷다가 술 마시고 울고 또 걷고 그렇게 한참 걷다 알코

올 회복자 선생님 전화를 받았어요. 어디냐고 물어서 "그냥 걸어요" 그랬죠. 그랬더니 그 선생님이 "저희 한 번만 용서해 주세요" 그래요. 그 말 듣고 얼마나 눈물이 나는지 한참을 울었어요. 그러고는 유재진 국장님께 전화를 해서 학교 나가고 싶다고 했죠. 근데 이미 퇴학 처리되어 회의가 필요하다는 거예요. 그리고 나서 술을 더 마시고 다시 전화를 했어요. 왜 마음대로 나를 퇴학 시키느냐… 거의 협박을 했죠. 국장님이 결정이 되면 연락하겠다 하셔서 끊었어요. 마음으로는 포기를 하고 있었죠. 근데 그날 저녁 학교 나오라고 전화를 하셨더라고요. 단, 수업 오실 땐 절대 술 드시면 안 된다고 약속을 받아내더라고요. 그러겠다고 했죠.

Q: 아, 정말 잘하셨어요.
A: 이젠 졸업이 얼마 안 남아서 그게 무서워요. 수업이 3주밖에 안 남았어요. 우리 국장님보다 내가 일정을 더 잘 알아요. 아쉬우니까 자꾸 세어 보거든요.

Q: 카페에 올리신 글만 봐도 선생님이 얼마나 아쉬워하시는지 느껴져서 마음이 아픕니다. 졸업 후 계획을 좀 생각해 보셨나요?
A: 일단 마무리를 잘하고 한 달 정도 틀어박혀 '이게 그림이구나' 하는 그림을 그려보고 싶어요. 언젠가는 붓과 물감 챙겨서 여기저기 떠돌아다니며 나만의 그림을 그리고 싶기도 하고요. 피리 부는 사나이처럼. 그림과 봉사는 평생 하고 싶어요. 선생님처럼 성프란시스 자원활동가는 못 해도 시민으로서 봉사활동은 계속하고 싶어요.

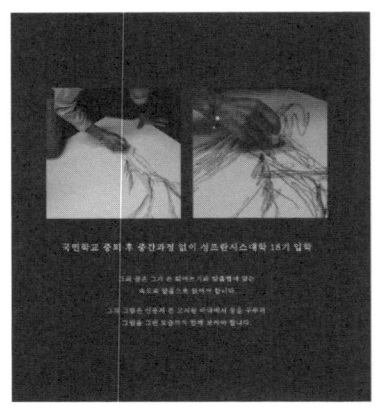

김 순 철

Q: 많은 분들이 그림을 언제부터 그리셨는지 궁금해하세요.

A: 중구로 이사 오기 전 종로에 살 때 복지센터에서 컬러링북 색칠과 일기쓰기를 매일 하게 했어요. 강제성은 없었지만 열심히 했어요. 컬러링북 채색이 생각보다 정교한 작업이어서 도움이 됐죠. 지금은 습관이 돼서 몸이 자동으로 그림을 그려요.

Q: 주로 언제 그리세요?

A: 맨정신 일 때보다 약간 맛이 간 상태에서 주로 그려요. 내 방이 방보다 화장실이 더 넓은 구조여서 화장실 바닥에 돗자리 깔고 그리죠. 혼자 있으면 심심하니까.

Q: 고흐 얘기를 많이 하셨는데 고흐 같은 사람이 되고 싶으세요?

A: 고흐만큼 좋은 그림을 그리진 못하겠지만 저만의 그림을 그려서 팔린다면 사회에 환원도 하고 싶어요. 지금이야 성프란시스에 한 달에 만 원 기부하는 게 전부지만.

Q: 멋있으세요.

A: 멋있어야 해요. 멋없는 삶은 삶이 아니에요.

Q: 선생님이 만약에 슈퍼맨 같은 초능력자 된다면 무엇을 제일 하고 싶으세요?

A: 사랑하고 싶어요.

Q: 원하던 대답입니다.(웃음)

A: 내가 우리 아버지처럼 여자를 대할까 겁나고 능력이 없는데 자식 낳아서 나처럼 키울까 무서워서 결혼은 상상도 못 하고 살았어요. 근데 지금은 못다한 사랑을 한번 해보고 싶어요.

Q: 마지막으로 선생님 꿈을 듣고 싶어요.

A: 더 이상 욕심은 없어요. 성프란시스 오기 전 삶이 너무 고생스러워서 더 바라는 건 없어요. 옛날로 돌아가지 말고 조금이라도 나은 사람이 되자. 넘어지더라도 다시는 옛날로 돌아가지 말자! 그게 꿈이에요. 순철이는 절대로 그러지 않을 거예요. 순철이는 순철이에 대한 믿음이 있으니까요.

영화보다 더 영화 같은 삶을 마주할 때 우리 일상의 불평은 한없이 작아집니다. 김순철 선생님의 삶 앞에서 듣는 이들은 작아졌고 돌아가는 선생님의 뒷모습은 한없이 커 보였습니다. 평생 그림을 그리고 봉사를 할 그의 손과 마음을 기억하고 믿겠습니다. 우리는 순철이에 대한 믿음이 있으니까요. 인터뷰에 응해주신 김순철 선생님께 감사드립니다.

7부

거리에서 움튼 글
그림으로 피어나다

거리에서 움튼 글
그림으로 피어나다

나는 겨울을 좋아하지 않는다
김은영

그녀는 겨울을 좋아했다.
나도 그녀를 좋아했지만 겨울은 좋아하지 않는다.
겨울이라는 그녀의 세계로는 한국이었다.

그녀는 봄꽃에도 결코 빛내지면 속 들어져 지냈지만 겨울만 하면
눈보라는 날 잡아지치면 눈을 빛내며 나를 쉬지지기 끌고 가버릴 것 같았다.

차가운 겨울바람에 헝클어진 목과 겨울어진 머리 사이에 개구진 눈을
반짝이며 추워하는 내 손을 오히려 놀리곤 하였다.

그녀와 헤어진 지 오랜 시간이 지났지만 겨울바람 문득 스치에 시어
올수록 꼭바 달려버려 가슴을 후비고 지나가는 기억의 아픔을 더진다.

나는 겨울을 좋아하지 않는다.

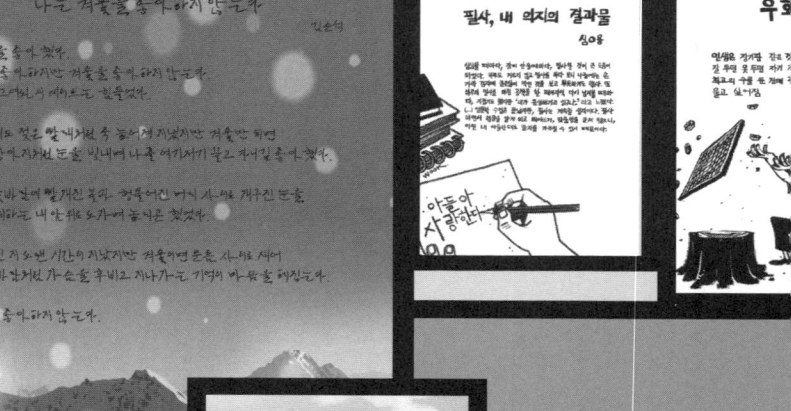

후회

못살다

거울 속의 나
고슬기

못된 바가지

12/1 일
비 일음

가족 사진
배영환

멀리 버리고 싶...

그림자

고래싸움

자화상
김○준

5층 고시원
방문을 열고 불을 켠다
어둠이 밀려 달아나고
정면의 대형 거울에
배 나오고 뚱뚱한 얼굴

오래전 절망과 비웃음을
나를 미워하고
내가 증오하던

초라한 거장의 책임자
경멸의 미소
그 모습 그대로

머리카락 새치에
시간이 눈처럼 내리고
좁은 방 대형 거울
피곤한 남자가 있어
조용히 바라본다

이놈의 세상
노기현

"내 일이 끝으면 네일이 없다"

주석: 전로이나 걸디딘 물건 나눔 푸리모.

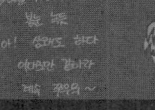

남도

"엄마, 집에 개지오?"
"아고, 동생 들어오랑게"
시한의 남도에서는 집나게 웃어붙어요잉

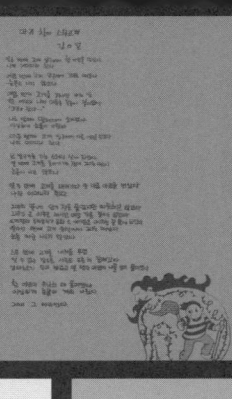

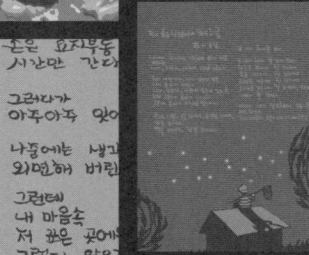

나

강대인

사랑하다가 미치도록, 아니 죽도록
해는 아직도 많이 남아 있다
아직 남은 저 먼 길을 걸어가자
나는 살아 있다

사랑하자 미치도록, 아니 죽도록
낙엽 떨어진 그 먼길을 걸어가자
죽은 거울 내리는 흰 눈은 얼마나 아름답더냐
해는 아직도 많이 남아 있다

나는 살아있다
사랑하자 미치도록, 아니 죽도록

짠하네

최인택

툭, 은행 열매
바닥에 짓뭉개져
엉망이 된 너

작디작은 방

홍○길